让你累的不是工作，
是工作方法

倪西赟◎著

Working
Mode

IT'S NOT WORK THAT MAKES YOU TIRED.
IT'S THE WRONG WAY TO WORK.

文汇出版社

图书在版编目 (CIP) 数据

让你累的不是工作，是工作方法 / 倪西赟著． 一 上
海：文汇出版社，2019.3
ISBN 978-7-5496-2791-2

Ⅰ．①让… Ⅱ．①倪… Ⅲ．①企业 - 职工 - 修养
Ⅳ．① F272.921

中国版本图书馆 CIP 数据核字 (2019) 第 022824 号

让你累的不是工作，是工作方法

著　　者 /	倪西赟
责任编辑 /	戴　铮
装帧设计 /	天之赋设计室

出版发行　**文匯**出版社
　　　　　　上海市威海路 755 号
　　　　　　（邮政编码：200041）

经　　销 /	全国新华书店
印　　制 /	三河市龙林印务有限公司
版　　次 /	2019 年 3 月第 1 版
印　　次 /	2019 年 3 月第 1 次印刷
开　　本 /	880×1230　1/32
字　　数 /	152 千字
印　　张 /	8

书　　号 /	ISBN 978-7-5496-2791-2
定　　价 /	36.00 元

前　言

　　"不管命运把你放在什么地方，你都要把自己的生活过得优美如诗。"时隔多年，我依然记得这句话，因为它总会把我的心撩拨得痒痒的。

　　很多人都希望把生活过得优美如诗，只是命运不会让我们不劳而获。想要实现这个愿望，我们就需要付出努力。是的，不努力工作怎么会有美好的生活呢？

　　人的一生，有将近三分之一甚至更长的时间都在工作。所以，职场才是我们每个人主要的"战场"。但是，从毕业到工作，甚至工作多年后，有些人还是不适应工作环境：

　　为什么我那么拼命，还是做不好工作？

　　为什么我那么努力，还会被领导嫌弃？

　　为什么上司翻脸比翻书还快？

　　为什么我加班加点还没有升职加薪？

　　我到底该不该跳槽？

　　总结起来就是一句话：我是不是一个不可替代的人？

　　凡此种种，我们会惊讶、困惑、失落、迷茫，从而感觉

1

到工作的辛苦和疲惫，"诗和远方"的美好逐渐被琐事淹没。

工作并不是那么美好，但是它也不至于那么糟糕，关键就在于，你有没有找到一条轻装上阵、不断前进的通道。

那么，怎样才能做好工作呢？

其实，让你感到累的往往不是工作，而是工作方法。正确的工作方法并不仅仅是先做这件事，还是先做那件事；也不是先做人再做事那样简单；而是在工作中不断学习、不断反思、不断磨炼，最终找到诀窍。

这本书从六个方面讲述了在工作中如何抓住机会，如何与老板、上司、同事相处，如何让自己无可代替，如何实现自己的人生价值等内容。文章也不拘一格，或用故事，或用案例，或用哲理，读起来不枯燥乏味，能让你体验到轻松阅读的快乐。

遇水搭桥必先有工具，登高望远必先有装备，迎难而上必先有勇气，解决难题必先有利器。本书虽然不是什么宝典，但如果能带给你感悟、反思，余愿足矣。

愿你快乐地工作，精彩地生活！

倪西赟

2018 年 6 月 6 日

目 录
Contents

第三辑　我不愿向这个功利的世界投降

第六辑　在职场做个精明的"杠精"

第一辑　让机会再为你等一会

其实，成功很简单，如果你做了别人不想做的工作，你就有了成功的机会；当机会向你倾斜，只要你坚持不懈，总有一天你会取得满意的成绩！

所以，不要认为有好机会才去做事，也不要认为不是好机会就放弃想做的事。好机会通常都是在不好的时候出现的，就看你能不能抓住它。

1. 不要回避"老板去哪儿了"

我去一家科技公司应聘行政文员一职，HR 看完我的简历后说："你从事行政工作 3 年了，现在我考考你的业务水平，如果表现得好，明天你就可以来上班。"

HR 让他的助手过来，摆好两张桌子，拿来电话等相关道具，我们面对面地坐了下来。

（1）老板的电话转不转接？

"喂，我找你们王老板。"助手拿起手中的电话，模仿客户来电。

"这里是 ×× 科技公司，请问您是哪位？"我礼貌并小心翼翼地问。

"我是王老板很重要的客户。"助手提高了嗓门说道。

"对不起，我不知道您是哪一位，您能告诉我吗？"我想知道"客户"的身份。

"你不知道的事情多着呢，我是王老板的重要客户，还有假吗？马上把电话转接到王老板的办公室。"助手不耐烦地说。

"您稍等，我马上为您接通……"我犹豫了一下，对助手说。

"停！"此时，HR大声说，"这关你挑战失败了。"

"为什么呢？这可是老板的重要客户，如果我不转接，给老板造成了损失，我可担不起。"我解释道。

"每天都有很多人打电话找老板，有莫名其妙的人、有求老板办事的人，还有老板不想见的人。这时候，知道对方是谁很重要。"

我点点头，表示明白了。

在这一环节的考核中，我虽然表现得很有礼貌，但在对方的死缠滥打之下失去了自己的判断力，把一个身份不明者的电话转接给了老板。如果对方不是真正的客户，老板肯定会火冒三丈。

老板的电话转不转接，就看你对对方的了解有多少，判断他们对老板来说是不是很重要。

（2）老板到底在不在？

考核第二关开始了。

HR 说："下面我扮演老板，就在你隔壁的办公室，现在你接第二个电话。"

"喂，我找你们王老板。"助手继续模仿客户来电。

"请问您是哪一位？"说完，我看了看 HR，HR 扭过头去。

"我是×××公司的李总，有重要的事情要跟王老板谈。"

"是李总啊，失敬失敬。对不起，王老板不在公司。"

"王老板不在？你怎么不早说，害得我跟你浪费了那么多时间。"助手换了一种刁难的语调说，"是不是因为我，你才说王老板不在的？"

"不是，王老板真的不在。"我忙说。

"停，停！这关你又挑战失败了。"HR 说。

"为什么？"我瞪大了眼睛。

"你可以说老板不在，但是刚才你说话的顺序反了，得罪了客户。"HR 继续说，"如果你先说'对不起，我们老板不在'，再说'请问您是哪一位'，就不会让客户觉得老板在故意躲他。"

我用 HR 的建议试着还原了刚才的对话，觉得的确精妙。我信服了。

在这一环节的考核中，我虽然确定了对方的身份，但是老板不同意把电话接进去，所以这时候要巧妙地拒绝客户。在这个问题上，我说的话看似没问题，但是颠倒了顺序，意义也就不同了，这样就会在不知不觉中得罪客户。

（3）老板去哪儿了？

考核第三关开始了。

HR 先提示我："老板去澳门出差，手机关机了。"

"喂，我找你们王老板。"助手再次模仿客户来电。

"对不起，我们老板不在，请问您是哪一位？麻烦留下您的电话号码，我会及时转告。"我觉得自己学聪明了。

"我是 ×××集团的李秘书，把王老板的手机号告诉我。"

"这个人物很重要，你可以把老板的手机号码给他。"HR旁白道。

"是李秘书啊，失敬失敬。我们老板的手机号码是……"我说完老板的手机号码，接着热情地补充了一句，"我们老

板现在在澳门出差，手机可能会打不通……"

"停，停！这关你又挑战失败了。"HR 说。

"我是按照您的要求做的啊，哪里又出错了？"我很委屈地问。

"你多说了一句'老板现在在澳门出差'，泄露了老板出行的秘密。"HR 说。

"这么重要的客户，打不通老板的电话，他该多着急啊！"

HR 严肃地说："你告诉对方老板在澳门，如果老板跟他通电话的时候说自己在其他城市怎么办？那老板在对方眼里不就成一个说谎的人了吗？"

在这一环节的考核中，我虽然吸取了前面的教训，但是多余的"热情"害了自己。其实，不管老板在哪儿、去哪儿了，你都不能自作主张地告诉别人，以免引起不必要的误会或麻烦。

这次面试我最终以失败告终，但是收获多多……

2. 让机会再为你等一会

　　小晴是公司新招聘的"储备干部"，在一同入职公司的那群貌美如花的女孩子中间，她显得毫不起眼，甚至还有点"扎眼"。因为，其他女孩子一进公司就被各部门的负责人叫去做事了，而她却迟迟没有被领导安排工作。

　　小晴一看情况不对劲，就主动到各部门推销自己。各部门负责人不好意思拒绝她，可又没有合适的工作安排给她，就让她打杂了。

　　小晴知道各部门负责人不重视她，也难过了好一阵子。

　　不过，在公司傻坐着发呆可不行。经过一段时间的观察，小晴发现各部门员工忙的时候中午都顾不上订餐，忙完后也只能凑合着吃点。

　　于是，每天中午11点，小晴就到各部门去统计订餐人数，充当大家的"订餐工"。每次订餐，她都很用心，送餐也很及时，而且饭菜可口，很受大家的欢迎。

有人笑话小晴迂腐，说她干这种活哪能出成绩。不管别人说什么，她都会一笑了之。但当大家吃着可口的饭菜时，也记住了有一个叫小晴的"储备干部"让人心里暖和。

后来，小晴趁机向同事们请教工作方面的事情，自然就成了最早转正的职员。

小晴初入职场的故事虽然很老套，但说明了一个道理：新人入职场，试问谁会给你一鸣惊人的机会？况且，机会没有固定的模式，有机会就抓住，这才是本事。

小晴转正不久后，被行政部看中，后来被提拔为行政助理。升职以后，她的工作不再是订餐那么简单了，不但繁杂无序，而且那种做了也不见得出成绩的工作越来越多。

工作中，大家都怕遇上麻烦的任务。可小晴不一样，即便是麻烦的任务，她也要去试一试；特别是部门之间那些"三不管地带"的工作，她总会"一根筋"地去做。

有同事劝小晴别吃力不讨好，她却说："这些事也是我们部门工作的一部分，我先试试，如果做不来，让能人来做也不迟。"

就这样，大家一有什么麻烦的任务，就会交给小晴。刚开始，她对这些工作不熟悉，也经常出错，所以，上司批评她是在到处瞎揽活；但她学得快，慢慢地，处理这些事情也得心应手了起来。

上司这才发现，原来小晴是个有上进心的人，又把她升为行政主管。

当大家都做这件事的时候，你表现的机会不多；当大家都不去做这件事的时候，只要你做了，机会就是你的了。

对于那些得罪人的工作，大家更是能躲就躲。可小晴不怕，她说："人与人之间哪有解不开的疙瘩？"每逢自己所在的部门与其他部门有冲突时，她就主动向上司请缨，说让她去试试。上司也乐得有人替自己背锅，所以会立马答应。

小晴去与其他部门的负责人沟通时，对方一见是她，马上就说："让你的上司来与我沟通。"

小晴不急不恼地说："我不是来跟您谈判的，而是向您请教的。如果您认为我的职位低，就让您的下属指导我也行。"

面对这样一个温柔的女孩子，谁还发得起火来？那样只会让自己风度尽失！于是，对方就会把小晴留下来沟通，这时，她总是一脸虔诚地边听边认真做记录，最终找到了解决问题的方法。

时间一长，各部门负责人都说，小晴要是自己部门的员

工就好了。后来，老板也注意到了她，把她调到了自己身边当助理，有什么事都会让她去协调。

有的人工作了好几年，还是刚进入公司时的职位，然后就抱怨没有升职加薪的机会；有的人自作聪明，利用工作时间干自己的私事；有的人心如止水，给一分钱做一份事，在波澜不惊地混日子。

难道公司里一点机会都没有吗？

其实，成功很简单，如果你做了别人不想做的工作，你就有了成功的机会；当机会向你倾斜，只要你坚持不懈，总有一天你会取得满意的成绩！

所以，不要认为有好机会才去做事，也不要认为不是好机会就放弃想做的事。好机会通常都是在不好的时候出现的，就看你能不能抓住它。

3. 你为什么面试总会被 Pass

求职过程中，在网上投递简历是一种行之有效的方式，但很多求职者往往不注意其中的细节，致使求职"路漫漫其修远兮"。

那么，求职者如何进入 HR 的法眼呢？在此，我提醒一下求职者，下面几种习惯，会让你被拒在门外。

（1）别贴个性的相片。

求职人：江小燕，90 后

应聘职位：采购员

江小燕的简历告诉我，她就是我要找的人才；虽然她只有大专文凭，两年的工作经验，但她一直在做采购员，对采购渠道肯定熟悉；她的薪水要求也与公司的薪资水平相匹配，这让我感到欣喜。

但是，就在我要拨打江小燕的电话时，突然发现她在招

聘网上上传的相片竟是在床上自拍的，而且屋子的背景十分杂乱。我摇摇头，打消了面试她的念头。因为，一个对自己的隐私都不会严肃对待的求职者，又怎么能严格保守公司的秘密呢？

在网上投简历时，很多求职者会上传自己最得意的照片，以引起 HR 的注意，增加面试的机会。这样做虽然不一定绝对有用，但确实是一种行之有效的方法。

但是，一些个性照片，比如扮鬼脸、嘟嘴、染发的形象，则会引起 HR 的反感。因为，很多 HR 都免不了"以貌取人"，通过照片判断求职者的性格。

给 HR 的第一印象相当重要，而照片是求职者的脸面，不可轻视。如果你不想"露脸"也无妨，既然你想把自己的形象展示于人，就要拿出好看且有精气神的照片。

（2）薪水和福利的期望值，不要漫天要价。

求职人：何武，70 后

应聘职位：办公室副主任

何武的简历同样精彩，他在外企、私企都做过办公室副主任、主任，有十多年的工作经验，完全符合公司的招聘要求。但他在薪水期望值一栏里写着月薪 15000 元起，这让我望而却步，因为老板给该职位的月薪最多是 10000 元。

对此，我只好选择一个有可塑性的求职者了。

大约过了 3 个月，何武又投递简历过来。我忍不住打开，发现他的薪水要求变成了月薪 12000 元。我不禁替他惋惜，如果他早写这个数或者不写薪水期望值，也许就被录取了。因为，工资加上其他福利，我们公司差不多也能达到他的要求。

不少求职者会在求职简历上写明薪水期望值和福利要求，但如果 HR 在权力范围内不能满足他们的条件，即使他们再优秀，HR 也不得不放弃。这样，很多优秀的求职者自然就跨不过初试的门槛，以致错过良机。因为，薪水是一个比较敏感的话题，虽然最终免不了要谈，但是早谈不如晚谈好。

聪明的求职者一般会在薪水期望值一栏里填写"面议"，因为被 HR 从网上选中，他们才有面谈机会——如果第一步都跨不出，谈何成功？

（3）离职的原因尽量要模糊。

求职者：李阳，80 后

应聘职位：后勤人员

公司要招一名后勤人员，看完李阳的简历，我果断拒绝了他。他的学历、工作经验都符合招聘要求，但是，离职原因那一栏中他居然是这样写的：第一次是因为没有双休日；第二次是因为办公环境较乱；第三次是因为与上司不和……

看到这里，我在心里庆幸他很"坦率"，否则招聘成功后，在工作中我还得时时照顾他的情绪。

求职简历并不一定都要写明离职原因，如果偶尔因个人原因离职，那么写上去倒也无妨。但是，如果你的离职原因过于复杂，那就不要写在简历中，等到面试时 HR 问到了，再回答也不迟。

一个求职者的离职原因就是他的一面镜子，从中可以看出他的工作态度和成绩。要想有漂亮的工作履历，求职者最好不要经常跳槽，因为 HR 都不喜欢"跳跳族"。

（4）哪类人不受 HR 青睐？

总有一些求职者不得不让 HR 忍痛割爱，虽说现在人才难招，但是如果饥不择食，HR 通常会自食苦果——不仅要反复去招聘，而且浪费时间和精力，让自己忙得团团转。

那么，哪类人不受 HR 青睐呢？

①不写简历的人。

在人才市场上，很多求职者都是来"打酱油"的。他们两手空空地挤在招聘摊位前，询问得很起劲。但是，如果让他们填写一份简历，他们要么会找一大堆理由，说"先了解了解"；要么会直接溜掉。

这些求职者如果遇到和善的 HR，他们会得到几句官方式的回答；如果遇到不耐烦的 HR，他们虽然不会被轰走，可也不会被热情对待。因为，连一份求职简历都不愿填写的求职者，其对工作的态度和热情可想而知——他们愿意为公司付出多少呢？HR 可都精着呢。

其实，如果求职者很有礼貌地递给 HR 一张求职简历，他们不一定会成功，但是一定会受到 HR 的关注，这才是好的开始。

②开口要价的人。

现在的求职者都很现实，一见到 HR 就问："你们公司的这个职位月薪多少钱？""你们公司有什么福利？""公司每年有出国旅游的安排吗？"……

其实，像这样咨询 HR 的求职者，通常得不到热烈的回应。原因有以下几点：

首先，一般公司的工资、待遇都由很多部分组成，HR 不能准确地告诉求职者实际拿到手的工资是多少，和福利怎

么样。

其次，一般公司都有不完善的地方，特别是薪水、福利这一块，如果效益非常好，自然就不用出来招人了。这是HR的痛处，而专挑痛处询问的求职者，HR自然不会好脸相迎。

最后，HR对一开口就问薪水的求职者比较反感，因为他们还没向HR展示自己有什么本领就先谈价钱，这种人就是招进了公司也是让人头痛的人物，为什么给自己惹麻烦呢？

可想而知，这种求职者始终要经受比别人更多的挫折。

③没想好职位的人。

个别求职者在现场求职时，总有些心不在焉。我也遇到过这样的求职者，他坐到我的招聘摊位前，说自己是来应聘普工的。

我觉得他条件不错，准备当场录用，但他又问我仓管员的职位有没有人应聘？我说暂时还没有，他说："我想应聘仓管员。"

我问他会不会用电脑，他回答说："会一点，不会可以学啊！"

我觉得他很上进，告诉他可以到公司试用一段时间，但要参加电脑操作考试。他"哦"了一声，又指着业务员职位，说："我想挑战一下这个职位。"

我说："公司只招聘有业务经验的人，你有几年的业务经验了？"

结果，他摇摇头，又指着办公室助理的职位，问："这个职位行不行？"我一听鼻子都气歪了，直接告诉他："等你想好了应聘什么职位再来吧！"

在应聘前，求职者要先给自己一个定位：求职先选入哪一行才跟自己的专业对口，再选哪些职位跟自己的能力匹配，之后再看看薪水自己是否满意。不要这山望着那山高，也切莫病急乱投医。

④经验过多的人。

很多用人单位都找有经验的员工，很多求职者也知道有经验比没经验好找工作。所以，他们会在简历上罗列自己入职过的公司，虽然有的公司可能很有名气，但是他们忘了自己在这些公司工作的时间太短，反而会成为自己的一种"硬伤"。

因为，在 HR 眼里，那些像蜻蜓点水一般不断跳槽的求职者对企业不够忠诚，从侧面反映出了他们耐力不足，遇到问题就用跳槽的方式去解决，这是一种致命的缺陷。

让你累的不是工作,
是 **工作方法**

在这个竞争残酷的年代,虽然"跳槽有理",但是面对那些喜欢跳槽的人,HR 通常会这样想:"这家伙太能'跳'了,上家留不住,我们能留得住吗? 不如干脆放弃吧!"

4. 警惕求职的温柔陷阱

温柔的并不一定是陷阱,陷阱却极其温柔。在求职过程中,有一些温柔的陷阱正在流行,求职者需要格外警惕。具体表现如下:

(1)给虚职,做杂事。

小怡在人才网上看到一家用人单位招聘行政主管,按照职位描述,她觉得自己挺合适的,就前去应聘了。

经过一轮面试后,小怡上班了。然而,她这才发现,所谓的行政主管一职不仅没有下属,甚至就是打杂的。她问人力资源部经理,为什么职位与工作范围不符,对方竟然说:"'行政'的事情都归你管,不是主管是什么? 这都是经理啦！"小怡这才明白，这家用人单位在以招主管的名义招文员。

现在，为压缩成本，很多用人单位在招聘时不愿意给应聘者高工资，但是这又很难吸引求职者前来面试，所以，他们会用"给虚职"的招聘手段，把职位设得虚高，吸引应聘者自动上钩。

如果求职者对用人单位不了解，不妨先去实习几天，摸清状况后再签劳动合同。如果求职者是在人才市场应聘，最好观察其他应聘者与用人单位的交流，从侧面了解实际情况，以防有诈。

（2）赞美你，给你戴高帽。

嘉祥是一名刚毕业的大学生，找工作时因为个人条件不足，他被多家用人单位婉拒。正当他彷徨之际，之前投过简历的某保险公司的招聘人员通知他去面试，面试他的是公司的市场部总监。

那位总监热情洋溢的赞美和对保险行业美好前景的分析，令嘉祥一扫之前的不快。对方还承诺，他一进公司就会是经理职务。

但嘉祥进公司后才知道，几乎每个人的名片上都印着所

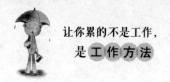
谓"销售经理"的职位，其实就是业务员，底薪只有 1000 元，全靠提成才能拿到高工资。

求职者想找到好单位不容易，用人单位在招聘中通常会利用求职者急躁和虚荣的心理，用给他们戴高帽的方式进行招聘。

刚毕业的大学生，如果有条件并且喜欢挑战性的工作，锻炼自己也未尝不可。如果自己不了解、不感兴趣，无论用人单位多么急切和诚恳，都需慎重考虑。

在应聘相应的职位时，不要好高骛远，也不要被用人单位戴高帽就贸然答应，以免上当、吃亏。

（3）空许诺，大挪移。

根据自己以往的经验，来自农村的张伟觉得自己应聘一般职员应该没问题。他在人才市场上看到一家物业公司招聘物业代表，2500 元的月薪也符合自己的预期，于是前往应聘。

但到公司上班后他才发现，所谓的物业代表，其实是连保安服都没的穿的保安。他安慰自己，保安就保安吧，骑驴找马，关键是月薪还不错，以后有机会了再换工作吧。

可发了工资他才知道，所谓的 2500 元月薪其实是工资的总和：每天要上 12 个小时的班，每月只休息两天——如果不加班，只能拿最低工资。

现在，很多用人单位很难找到普通员工，特别是保安、搬运工等一线员工。于是，用人单位会给这些普通工种起个好听的名字。比如，物业公司保安叫"物业代表"、餐馆服务员叫"资深客服"、销售员叫"客户专员"。

虽然工作性质没变，但这从称呼上改变了求职者对普通工种的抵触，使不清楚内幕的求职者会错意，浪费时间和精力去应聘。

求职者在求职时，要详细询问用人单位自己所应聘岗位的工种、薪酬构成等重要事项，不要被用人单位笼统的回答搪塞过去，或因用人单位所宣传的高薪诱惑而丧失判断力。

5. 不懂团队合作，你就只能自己累

一只年轻的灰狼觉得自己怀才不遇，于是离开了原先的狼群，加入到另一个狼群。在一次见面会上，新狼王问灰狼："你怎么多抓羊，为狼群做贡献呢？"

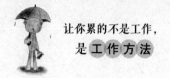

灰狼说："我会用实际行动让大家满意的。"

狼王点点头说："那你就发挥自己的才能让大家看看吧。"

一次，灰狼跟着狼王一起去捕猎。在路上，灰狼跑在最前面，因为眼尖，远远地就看到了一群野山羊。

"如果我能捕获这群野山羊，就会立头功。"灰狼想了一下，也没跟狼王汇报，便迅速朝那群野山羊扑了过去。

野山羊见到灰狼很惊慌，后来发现只有它一只狼，于是把它围在中间，一起用羊角猛顶它的身体。灰狼招架不住，慌忙跳出野山羊的包围圈，狼狈地跑到狼王面前说："前面有一群野山羊，请狼王下令包围它们。"

狼王说："我早知道了，但是你回来的时候它们已经跑没影了。由于你擅自出击，我们失去了抓住一群野山羊的机会。我们是一个团队，你为什么没有一点团队意识呢？"

灰狼说："以前我就是这样做事的啊，前狼王很欣赏我的这种勇气。"

"那以前你抓到野山羊了吗？前狼王欣赏你的勇气，你为什么还要离开呢？"狼王说完，就气呼呼地走了。

这时，其他伙伴对灰狼说："有勇无谋。"

因此，灰狼一整天都垂头丧气的。由于它急于表现自己，孤身犯险，最后遭到围攻，不但未能捕捉到猎物，还被猎物所伤，失去了大好机会。

灰狼受到狼王的批评后，不仅不反思自己的行为，还理直气壮地说自己以前的做事方法没问题，前狼王很欣赏它。所以，它的态度给新狼王留下了很不好的印象。

初入职场或刚进入一家新公司的人都想尽快出成绩，但面对一个陌生的环境，首先要做的是熟悉工作环境、工作内容和上级的做事风格，这样才能尽快融入集体，在集体中发挥自己的才能。

如果不熟悉新的工作环境、工作内容和上级的做事风格，贸然去抢头功，失败后还不能正视自己的缺点，通常会得不偿失。

灰狼被狼王批评了一通，又在其他伙伴面前丢了脸，为此它郁闷了很久。

一天，它在山林中突然发现一只野山羊在不远处吃草。它本来想扑上去擒住野山羊，但想起狼王的批评，不敢擅自做主，便跑回去向狼王报告："报告狼王，我发现了野山羊，请大家一起去围捕。"

狼王高兴地对灰狼说："看来这回你长经验了，可以将

功补过了。"说完，狼王号令群狼跟着灰狼去捕羊。

灰狼兴高采烈地带领伙伴来到刚刚看到野山羊的地方，却发现野山羊不见了。

狼王问："你说的野山羊呢？"

灰狼说："刚刚还在这里，怎么就不见了呢？"

狼王问："一大群野山羊怎么会跑得那么快？"

灰狼说："不是一大群，而是一只。"

"啊？只有一只？"狼王的鼻子都气歪了，"一只野山羊你都没勇气拿下它，还要让大家一起来？"

"你上次不是说我没有团队意识吗？现在我做事不再鲁莽了。"灰狼说。

狼王摇摇头，叹了口气走了。其他伙伴也对灰狼不满意，对它说："胆小怕事。"

"为什么自己按照狼王说的做了，还会出错呢？"灰狼感到非常委屈。

灰狼第一次捕食猎物是因为想表现自己，但因在情况未明之下盲目出击，贻误了战机。第二次发现猎物后，又因固守上次的教训，错失了最佳时机。所以，它才受到了狼王的批评和其他伙伴的嘲笑。

在职场中，同样的工作有很多不同的做法，不能因为上级批评你，你就畏畏缩缩地不敢大胆去做事；也不能因为上级说了什么，你就盲目地去做什么。

每个职场人面对工作时，要能够独立做出判断。对的一定要全力以赴；错的要善于听取别人的建议，及时改正。把工作做对、做好，那才是关键。

经过这两次事件后，灰狼在同伴眼里就是个失败者，狼王也不器重它了。它有些自暴自弃，捕猎也不那么积极了，反正大家都看不起自己，何必那么积极呢？

一天，灰狼遇到狐狸，就跟狐狸抱怨起来，并讨教计谋。狐狸说："这个简单，你要跟你身边的伙伴搞好关系，让它们在狼王面前多替你美言几句。"

"怎样才能搞好关系呢？"灰狼问。

"送礼啊。"狐狸说。

"不太好吧？"灰狼一脸的疑惑。

"不这样做，你的本领就很难发挥出来，最后只能离开这里。"

"哎，我空有一身本领，却落得个只能凭关系生存的下场。"灰狼想了想说。

于是，灰狼每天不再积极工作，而是跟其他伙伴套近乎，并送它们一些自己捕获的小猎物。大多数狼对这种送礼的方式很反感，但也有一些狼对狼王说灰狼的好话："灰狼还是不错的，还是有些能力的。"

狼王说："灰狼是不错，它捕猎的本领也很强，只是它把能力用错了地方——它没有为狼群捕捉过一只野山羊，没有做出过任何大的贡献。"

听到狼王的话，其他狼再也不敢为灰狼说好话了。

"我空有一身本领，却无法在这里立足，还是换一个地方混吧。"灰狼孤单地离开了狼群。

灰狼前两次的失败并不算什么大事，因为谁都不可能次次把事情做对、做好，只要吸取教训，调整做事的方法，就能发挥自己的才能。但是，灰狼没有真正理解上级的意图，没有吸取前两次的教训，向狐狸抱怨并听取了错误的建议，想通过拉关系走捷径，反而栽了个大跟头。

在职场中，跟同事搞好关系是职场人应该做的事，但不是最主要的事。最主要的事是拿出自己的真本领为集体出力，为上级分忧。只有这样，我们才能让同事点赞、让领导信任，在以后的工作中顺顺利利。

作为职场中人，每个人都希望自己怀才"可"遇，能最大限度地发挥自己的才能。然而，职场中不如意的事情随时可能会发生，当面临挫折、失落、孤独时，我们还能勇敢地发挥出自己的正能量，机遇才可期。

6. 烂机会也会璀璨星空

一天，公司来了一位 40 岁左右的应聘者叫张妍，应聘的是销售助理。

张妍的简历很简单，她之前在两家公司做过销售助理的工作。人事总监却觉得她做了十几年销售助理，太没上进心了，所以并不想录用她。

张妍好像看出了人事总监的心思，恳求道："请给我一个机会吧，我会把工作做好的。"

人事总监想了想说："我可以给你一个机会，你先到行政部锻炼锻炼吧。"人事总监以为这不搭边的岗位会吓跑张妍，但没想到的是，对方却说："谢谢总监给我一个机会。"

张妍走后，人事总监暗暗发笑："这是一个什么机会呢？烂机会罢了！"

行政部的工作比较烦琐，工作量也大，说得好听点，是个服务部门；说得不好听，是个打杂部门。

上班后，张妍有点不适应，忙得焦头烂额。上司是一个比她小十多岁的女人，并经常当着其他同事的面批评她："年纪大了吗，怎么做事丢三落四的？干不好就走人。"

张妍很真诚地回应道："我会做好的，请再给我一次机会。"而且，被批评之后，她变得更加勤奋了。以前，每天早上她会提前10分钟到公司，现在提前了半个小时。

在这半个小时之内，她会把各部门当天要做的工作先写成计划表。上司来后，她把计划表交给上司审核，没问题就马上去分派任务。这一招大大提高了工作效率，公司原本杂乱无章的工作，得到了全面的改善。

不久，仓库的保管员请了长假，公司想派个人临时去顶替一下。但是，很多同事不想去，因为这份工作不仅要做出入库登记，还要和搬运工一起搬运公司所有进出的产品。

人事总监找到张妍说："前段时间你的工作做得不错，公司很满意。现在我再给你一个锻炼的机会，你想不想去？"

听完人事总监说的岗位和工作内容，张妍眼都没眨一下说："这的确是一个锻炼的好机会，我去。"

人事总监有点傻眼了。仓库的活可不是一般人能干的，一天的来料、出货产品最少都有上千件；大件货物用叉车搬运，小件的只能人工搬；工作量大，非常辛苦。过了几天，人事总监陪领导去仓库视察，看到张妍干活干得汗如雨下，但即使累成这样她也没有怨言，心里就暗喜："用这个人还真是超值！"

一个周末，人事总监去参加一个高级管理学习班，惊讶地看到张妍坐在会场的一角，认真做着笔记，有时还跟讲师互动。

人事总监没有去打扰张妍，下课后跟讲师聊天时聊起了她。讲师说："她经常来听我的课。以前她是一家公司的销售总监，薪水丰厚，由于公司倒闭，她失业了。听说现在她在一家公司做普通职员，真是可惜了。"

人事总监听后感到很震惊，回来后便不动声色地继续观察张妍的表现，发现她的能力真的非常强。

仓库的保管员请完假回来正常工作后，刚好销售部有个员工辞职了，人事总监便对张妍说："你愿不愿意去销

售部工作？这可不是一个好机会，因为没有业务量就没有
高收入。"

张妍面露喜色，连声说："我愿意，我非常愿意。"后
来，她从销售员一直做到了公司的销售总监。

有一天，人事总监终于忍不住问她："你刚来公司时为
什么直接应聘销售助理，而不是销售总监呢？"

张妍说："我当然是奔着销售总监这个职位来的，但是
公司一般比较重视销售总监这个职位，肯定会反复多次面
试。说实在的，我也没十足的把握能应聘上，所以就从最容
易做的工作岗位开始应聘，先进公司，再找机会。"

人事总监说："你应聘销售助理，我却让你做行政工
作甚至仓管员，我给你的可都是烂机会啊，你怎么也会去
做呢？"

她笑着说："烂机会也是机会呀。"

在职场中，不要总是抱怨没机会，因为烂机会也是机
会，只要你能够抓住并坚持不懈，一定会成功的。

7. 优秀的你要这样炼成

　　王力疲惫地从人才市场出来后，漫无目的地走在街头。在一家销售豪华门窗的店门口，他看到一块招牌上醒目地写着招聘业务员的启事：每月底薪 1000 元加提成，试用期 3 个月。

　　王力再向前走，发现沿街几家卖门窗的店铺都在招业务员。他一拍脑门，心想：业务员不就是工作吗，我何不到这儿来试试？于是，他决定先去那家豪华门窗店应聘。

　　门窗店的老板张伟，乐得有人来面试，很爽快地答应王力只要能卖出门窗，给店里带来效益，就可以不用每天都来店里坐班。

　　上班后，王力不急着去拉单子，他先是在店里了解各种门窗的质量和特性，并对每一种门窗的性能以及优缺点，做到烂熟于心。之后，他向老板请教销售技巧和相关渠道。不久他就学有所成。

不过，王力并不着急去招揽顾客，而是到各条街巷里那些招聘业务员的门店去毛遂自荐，说要做业务员。

徐华是王力以前的同事，他得知王力在门窗店做业务员后，调侃他说："你怎么还做业务员啊？我还以为你找到什么好工作了呢？这种天天点头哈腰、被人训斥的工作有什么前途呢？"

王力笑而不语。

一个月后，王力请徐华小聚。徐华就问："王兄，这个月做业务赚了多少钱？"

王力说："不多不多，刚好 10000 元。"

徐华不信，问："你拉了几单生意，竟然能赚这么多钱？"

王力笑笑，说："一单生意也没拉到。"

徐华就不解地问："你的月底薪不是才 1000 元，怎么会拿到 10000 元呢？是不是老板发工资时多打了一个 0？"

王力只是狡黠地笑笑，并不回答。

又过了大半个月，王力又请徐华喝酒。徐华纳闷地问："王兄，这个月发财了啊，这么大方？"

王力点开支付宝的账单信息，在徐华眼前晃了晃，说刚发的。这下徐华可蒙了，就问："你这个月拉了几单生意？"

王力说："小有进步，拉了一单生意，提成 2000 元。"

见徐华愕然不已，王力跟他碰了一杯酒后，娓娓道来。

原来，那天王力发现很多门窗店在招业务员，他想：单独做一家门窗店的业务员，虽然底薪不高，但是有固定的薪水。可我要是成为多家门店的业务员，光是这些门店给的底薪，加起来就是一笔不小的数目。

于是，王力除了在张伟的门窗店当业务员，还另外精选了9家门窗店作为自己的业务店。就这样，不管每个月拉不拉得到业务，这10家店都会给他发1000元的底薪，合起来就是10000元了。

听了王力的一席话，徐华恍然大悟，佩服得不得了！徐华想了想，又问："前两个月算你运气好，如果3个月试用期后你还没有拉到业务，不就一分钱也没有了吗？"

王力点点头说："你说得很对，不过我有信心。"

第三个月，徐华忍不住打电话给王力："这个月你拉了几个客户？赚了多少钱？"

王力说："我做成了3个客户，差不多赚了20000元。"

徐华好奇地问："你是怎么做到用3个客户搞定10家店主的？"

王力禁不住徐华的央求，讲了这个月的薪水是如何赚

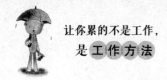
到的。

王力是这样安排这 3 个客户的：

A 客户是一位大老板，他对门窗的质量要求最高。于是，王力就把他带到这 10 家业务店中最好的 3 家门店去看。最后，A 客户在张伟那里采购了一批豪华门窗。虽然王力在另外两家门店的试用期快到了，但是他们也看到了王力的实力，就留他继续做业务员了。

B 客户是一家装饰公司的老板，要采购多种款式的门窗，以满足不同客户的需求。于是，王力把他介绍给中等档次的 4 家门店，最后他在这几家门店都采购了一批门窗。这几家门店的老板见王力拉到了业务，自然欢喜，立即将他转正。

C 客户是附近小区的居委会主任，自己家装修，自然要精打细算。王力带居委会主任去最实惠的 3 家门店采购，虽然他只选了其中一家，但是这 3 家门店老板都知道他是邻里街坊的头儿，口碑和关系不可小瞧。所以，他们也不敢小看王力，自然也给他转正了。

王力就是这样用 3 个客户让 10 家门店的老板都见识到了自己的能力。

在跳槽的时候，我们总盯着工资高、福利好的用人单位，但好工作通常都是凭自己的真本事或者超出常人的勤奋得到的。而在我们的身边，有很多不起眼、薪水低的工作，只要你用心去观察就会发现，做卑微的工作也能拿到高薪水！

8. 怎么跟戏精同事相处

我和张楚是同一天应聘到一家公司上班的。作为新人，我们自然都很珍惜这份来之不易的工作，因此在各方面都不敢有丝毫的怠慢。

我头脑灵活、嘴巴甜，在处理上下级关系、同事关系上游刃有余。所以，我在很短的时间内就融入了这个新集体，公司的同事也都感觉我很"活气"。

张楚看上去呆头呆脑的，除了对工作认真以外，根本看不出有其他特长。我想，像他这样不开窍的人，能适应职场吗？别人会给他机会吗？

一天，主管发下话来，新人并不是按照公司先前的规定要试用 3 个月，而是谁做得好，谁就可以提前转正。

我自然欣喜若狂，一方面我觉得自己比张楚聪明，另一方面我有好人缘作为支撑。所以，我对张楚那样的"傻干"行为不屑一顾。

有个同事劝张楚说："张楚啊，你这么加班加点，老板也看不见，何苦呢？主管也许就是说说，想刺激一下新人而已，以前新人进公司都是实习 3 个月后才转正的。"

张楚说："主管说话算不算数，我不管，我只管自己每天有没有进步，有没有收获。"

有的同事看到张楚呆头呆脑的，就叫他"呆头鹅"。他听了也不恼，一笑了之。我偷偷暗笑："小样儿，连同事都不看好你，你还怎么跟我竞争？主管能看好你才怪！"

可令我没想到的是，在试用期间，张楚比我提前转了正。原因是，主管通过考察发现，张楚工作起来比我踏实。就这样，我稀里糊涂地被张楚"绊"了一下。我感觉很失望，在同事面前也没面子，从此，我坚决认为张楚就是我的"绊脚石"！

我比张楚转正晚了一个月，转正后恰巧又和他分在同一个部门。每天一看到张楚，我就气不打一处来："呆头鹅，早晚有一天我会让你成为我的手下败将！"看到我发狠的眼神，张楚自然知道我对他充满了"敌意"。

工作中，我非常勤奋，态度端正，常常被主管表扬。张楚看到我异常努力的工作，自然也不敢怠慢。年终考核时，我的成绩比张楚略胜一筹，拿到的年终奖也比他多一些——自然，这回算是我"绊"了张楚一脚。我暗自高兴了好一阵子，感觉自己终于狠狠地出了一口"恶气"！

过完年后，部门主管因为个人原因辞职，职位空缺着。有竞争主管职位能力的候选者也不多，其中以我和张楚最有资格、最有希望。我发誓一定要得到那个位置，在看到张楚一副若无其事的样子时，我暗自得意不已。

当公司宣布部门主管的人选是张楚时，我傻了眼。我又被他"绊"了一下，这让我很受伤。

在部门的任命宣布大会上，公司领导问张楚能当上主管的最大感受是什么。张楚走下台，紧紧抓住我的手说："首先我非常感谢倪同志，他的成绩有目共睹，是他一直激励我勤奋工作，不敢懈怠！"

台下顿时掌声雷动。我不好意思地小声对张楚说："张楚，我可是一直把你当作'绊脚石'的。"

张楚笑着对我说："不，你一直是我最幸运的'垫脚石'，是你拼命工作的热情感染了我，让我不断达到新的高度！"

微笑着面对你的对手吧，只有站在对手的肩膀上，你才能成为最幸运的那个人；也只有把对手当成自己幸运的"垫脚石"，你才能成为走得更远的那个人。

9. 你的工作需要匠人精神

张翔是个勤快的小伙子，大学毕业后在一家企业干了一年多，其间尝试过很多岗位工作。因为，他觉得多换几次岗位就能多长一点见识、多积攒一些经验，让自己"多能"，只有好处没有坏处。

后来，张翔觉得学有所成，就辞职去人才市场找工作。一位招聘主管问他："小伙子，你会做些什么？"

张翔滔滔不绝地罗列了以前做过的职业。他想，现在的公司大多是找复合型人才，自己不就符合条件吗？他显得很自信，觉得自己能应聘到一个好职位。

招聘主管耐心地听完张翔的讲述，对他说："以前你做过的工作,哪方面最擅长? 哪方面最精通? 哪方面最出色? ”

张翔没想到对方会这么问,结结巴巴地回答不上来。是的,他是做过很多岗位,却说不出自己最擅长什么。

招聘主管笑着对张翔说: “看起来你做过很多岗位,但说白了就是比别人多换了几个工作岗位而已;你的所谓工作经验,也就是比别人知道的多一点而已。但是,我们只需要专能的人,你的个人含金量不高啊! ”

第一次求职就这样失败了,张翔有点泄气,但也没办法,只好继续找工作。

第二次,在一家大型企业招聘摊位前,一位经理问张翔会做什么,他把以前做过的工作又全说了一遍。

经理两手一摊,委婉地说: “你很能干,但我们不招杂工。 ”

张翔又去应聘了其他的几个职位,但多数企业都只招有专长的人。而那些貌似专招复合型人才的企业,实际上是招打杂的工人,而且工资低、工作时间长。

张翔连续几次应聘都碰了钉子,不得不静下心来思考应聘中所遇到的问题,重新给自己定位。几天后,他毅然到一家专业电子制造公司应聘,并从一名普工的技术工人做起。

多年后，那家公司生产的电子产品成为市场上品质较高的畅销产品之一。当然，张翔已成为该公司的"首席电子开发专家"了。他不再担心失业，因为他有自己的独门技术，到哪儿工作都不用发愁。

我们在工作上不一定要追求事事有经验，因为经验太多不一定是财富，有时反而是一种累赘！我们不必要求自己样样都精通，成为多能的人；因为，有时候多能而不专能是一种"无能"的表现！

10. "海绵宝宝"的实际应用

大学毕业后，赵力找了很多份工作都不满意。一晃几年过去了，他还是没安定下来。父亲着急了，把他从城里叫回乡下，问他怎么总是换工作。

赵力对父亲说："那些工作都不怎么样，有的企业小，发展不起来，说不定哪天就倒闭了；有的是大企业，但是管理混乱，看不到未来，干下去也没有好机会。"

父亲说："无论什么样的工作，你得先做了才有机会，不做哪里有机会？"

父亲好言相劝，赵力不以为然。父亲想骂他一顿，但又摇摇头叹了口气。

晚上，赵力和父亲坐在门前的打麦场上，父亲抽着旱烟，他也不出声。突然，一只刺猬从赵力面前经过，他非常惊奇地问父亲："这是刺猬吧？"

父亲没回答他，继续抽着旱烟。

赵力想抓住刺猬，用脚去阻拦它，但它蜷缩后竖起全身的刺，让赵力无从下手。他立即回到家拿来手套、铁铲和准备装刺猬的筐，但刺猬不见了。他很懊恼地把工具扔在一旁，埋怨父亲不帮他。

这时，父亲开口说道："机会就像一只刺猬，你看见它时，觉得它很丑陋，并且外表都长满了刺，让你犹豫不决，不敢下手。可机会稍纵即逝，如果你不及时抓住它，当你准备好的时候，它却不知道跑到哪里去了。"

听了父亲的话，赵力点点头，若有所悟。

在一次别开生面的入职会上，一家大型公司的人力资源

部经理没有直接宣布入职人员的岗位，而是把空缺岗位公布了出来，并说明了岗位的情况和要求，让新职员自愿挑选自己喜欢的岗位。

张东和王远一同毕业，又同时被招进了这家公司。张东平时做事认真、谨慎，还写得一手好文章，所以他选择了办公室文员的岗位。

王远则性格开朗，能言善辩，张东认为他会选择销售岗位，可没想到他却选择了去公司最底层的一个班组当组长——这让张东大跌眼镜！

上班以后，张东负责办公室的日常工作，虽然烦琐但也比较简单，他很快就适应了。清闲的时候，他可以上网，跟同事聊天。

王远就没有那么走运了，他去的那个班组不仅工作强度大、休息时间少，而且员工情绪不稳定，经常吵闹。公司的人都知道，在王远任职前，那个班组其实已经换过好几个组长了，大家都管它叫"浑水组"。

一开始，王远不抓管理，下班后经常会邀请部门老员工和最调皮捣蛋的员工出去吃吃喝喝，休息的时候跟他们打扑克牌。

"王远这小子脑子进水了吗？刚入职时有那么好的岗位

不选，甘愿跳到浑水里跟那些人一起犯浑。"公司的人都议论纷纷，有的人还说王远离滚蛋不远了。

面对同事的热论和冷眼，王远依然我行我素。但是，在两个月后的一次公司例会上，他所在的班组意外地被副总点名表扬了。对此，大家都疑惑不解。

原来，王远利用与班组员工一起吃饭、打牌的机会，跟他们拉近了距离；并了解了他们有怨言的原因等情况，还写了一份详细改进工作的调查报告上交；并及时与人力资源部经理沟通，修改了班组一些不合理的规章制度，使员工看到了希望。于是，他们工作起来也有了热情。所以，班组工作效率有了很大的提高。

半年后，王远所在的那个班组，由"浑水班"一跃成为公司的"明星班"。

是的，每个企业在发展的过程中都不可能完美无缺，在某个地方一定存在"顽疾"，也存在看得见的"浑水"。很多刚毕业的大学生或是新入职的职员，都不想到这些部门去工作，他们会有意识地选择自认为最舒服或体面的职位。然而，机会通常隐藏在有"浑水"的地方。

所以，在职场中，不要因舒服和体面而失去认真了解公司的机会和进取向上的机会。

职场中，"水浑"的状况并不可怕，只要你不是浑水摸鱼，也不要同流合污，那么，成功或许就在眼前！

此外，机会只偏爱有准备的人，要学会使用职场中的"海绵拖把"。

肖黎和钟涛都是公司的实习生，他们俩约定看谁先升职。于是，两个人各自攒着劲儿进行比拼。

一次偶然的机会，肖黎发现部门经理恰巧是自己的同乡，为此兴奋不已。经过跟同乡经理拉关系，不久他就被升为部门主管。一下子，他成了钟涛的上级。

升为主管的肖黎很是得意，渐渐地不再拼命工作了，他经常会跑到阳台上去抽烟、晒太阳、吹风。钟涛可没那么悠闲，肖黎升为主管后，肖黎原来的工作有一半转到他手上，他经常加班加点，忙得团团转。

不忙的时候，肖黎会拉钟涛到办公室的阳台上一同抽烟、闲聊。有一次，钟涛指着阳台上的海绵拖把和棉布拖把，对肖黎说："虽然我们干着同样的工作，但你就像那个幸运的海绵拖把，经常在阳台晒太阳、吹风或者看风景；而我就是那个湿漉漉的棉布拖把，每天忙得团团转，一副辛苦相！"

肖黎听了钟涛的话，哈哈一笑，觉得很受用。

到了年底，公司突然宣布：所有在职的管理人员要重新竞选职位。

肖黎丝毫不感到紧张，因为他认定有同乡经理撑腰，自己会没事的。可是，竞选结束后，他那个同乡经理落选了，最后离开了公司。可想而知，肖黎也落选了，后来他成为部门的一名普通员工，钟涛则成了他的上司。

有一天，肖黎去阳台拿放了很久的海绵拖把搞卫生，却发现它硬得像石头，怎么弄也不能让它舒展开来。他终于明白，工作就像海绵拖把，勤劳的汗水会使它慢慢柔软。但是，如果它经常晒太阳、吹风，就会变成坚硬的石头！

第二辑　职场拼得不是背景，是工作装备

　　人在职场，如果有"装备"，做什么事我们都能挺起胸膛；如果没"装备"，做事时我们就会慌里慌张。只有不断地武装自己，让自己比别人拥有更多的"装备"，在职场路上，我们才不会心发慌。

1. 拥有聚焦力，才有穿透力

职场中，有人有能力，有人有动力，有人有资历，但是为什么他们工作了两三年、甚至多年却碌碌无为，不能升职加薪，不能拔尖呢？

吴媛媛学的是人力资源专业，毕业后到了一家公司做人事助理。所谓助理，就是从打杂开始做起，每天复印文件、制作表格、收发绩效表、跑社保局等。虽然每天都在打杂，但是由于接触的人和事不同，吴媛媛学到了很多经验，工作也更积极了。

一次，经理找吴媛媛谈话，说公司客服部缺人手，问她愿不愿意去顶一下。

吴媛媛考虑了一下，说："我愿意。"因为，她觉得自己刚来公司不久，应该去各部门熟悉一下工作。于是，她被借调到了客服部。

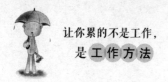

半年后，公司市场部的一名跟单女员工请产假回家，部门人手紧张，刚回人力资源部的吴媛媛又被调到市场部。

自此，只要其他部门缺人手，吴媛媛都会被调过去顶上。有时候她也不情愿，但领导会对她说："你在哪个岗位上我都放心，叫别人去，我还不放心呢。你就当去取取经，锻炼一下。"

当然，领导给吴媛媛每个月的奖金会比别人多，这时候她心里也喜滋滋的。一晃，她在这家公司工作 3 年了，都是哪里需要去哪里，现在她在后勤部帮一个请假的同事顶班。

有一次同学聚会，老同学周强打电话通知吴媛媛。她回复说："忙着呢，没空去。"经周强再三邀请，她才放下手头的工作，请了两个小时的假赶去赴宴。

其间，同学们都聊起了工作。吴媛媛也滔滔不绝地说起了自己的工作，很多同学都羡慕得不得了，觉得她的工作很有意思——经常在公司内部"换工作"，也不怕失业。

但周强听后深感不解，他问吴媛媛："你一直在学经验、锻炼自己吗？"

吴媛媛乐呵呵地说："是啊。"

周强严肃地说："你不能再这样下去了，经验是要积累，但你不能为了积累经验把自己的专业和特长丢了吧？你今天在这里学习，明天去那里搭把手，你的目标在哪里呢？你是学人力资源专业的，你要按照自己的职业规划，在这个'点'上深入下去才行，而不是到处打游击。"

吴媛媛听后有所感悟。是的，她和周强同是人力资源专业出身，毕业后周强一直从事人力资源工作，一步一个脚印朝着一个目标前进，逐步从助理升为经理。现在，自己却还是一名忙忙碌碌的普通员工。

周强接着说："在学校时，你的成绩比我好，原因就在于你把所有精力都用在了专业的学习上！"

吴媛媛听了，不住地点头称是。

周强又说："你现在就像一枚反着用的钉子，把你的锋芒藏了起来，只锻炼了钉子的底座。"

听了老同学的话，吴媛媛终于明白自己这几年都干了些什么。

回公司后，吴媛媛跟人力资源部经理做了积极的沟通。不久，她被调回人力资源部工作。有了这几年的经验，她的工作上手很快，一年后便升为主管。

在职场中，每个人都有各自的无奈，但是，不论怎样都

不能丧失目标。我们要集中精力向着目标努力，而不是每天碌碌无为地应付工作；空有力气用不到点子上，空有才华不能发挥好，最后深感无奈。

钉子为什么有巨大的穿透力呢？因为它不仅有厚实和抗打击的底座，还有足够锐利的尖，能直达目标！

2. 职场拼得不是背景，是工作装备

张正毕业后不久，就收到一家颇有实力的民营企业的offer，月薪 5000 元起。

有的同学替张正感到高兴，祝福他；有的同学嫉妒他，说他是靠关系才进入那家公司的。但是，张正清楚自己之所以能被这家大公司青睐，是靠"拼装备"换来的。

原来，刚上大一的时候，张正并不知道毕业后找工作有多难，是表哥的经历让他改变了认知，也让他发生了改变。

有一次，他去表哥家玩，发现学业优秀的表哥在半年内竟没找到一份合适的工作，家人都为表哥的事情愁眉不展。

他还从表哥口中得知，很多企业挑剔得很，要求员工不但要有工作经验，还要有特长。

当然，没有工作经验、没有特长，也能找到工作；但是，要想找到好工作或自己喜欢的工作，就有难度了。

张正听后如梦初醒：要想脱颖而出，必先武装自己。于是，他平时非常留意各种招聘网站的招聘信息，寻找合适的锻炼机会。

一次，张正看到一家知名物流公司在招快递员，他觉得这是个好机会。因为，能在这样的名企学习和锻炼，积累的经验就会有质量，起点也会高一些。

张正联系上了这家物流公司的 HR，表示周六可以来这里实习。HR 听说张正是本科学校的大学生，觉得他做快递员有些浪费人才，就表示不同意。

张正说：“我不要实习工资，只要管饭就行。”

这下，HR 很爽快地答应了，但又提了一个非常苛刻的条件：每个周六，张正都要来实习，如果一次不来，以后就不要来了。

张正同意了。

张正很珍惜这份实习工作，从大四到毕业，他坚持得很

辛苦，一年里愣是没有缺勤过一次。

最后，这个憨厚、坚忍的男生赢得了 HR 的好感，他在毕业前就被告知，毕业后他可以到公司来上班。当然，HR 还补发了他之前的实习工资。

后来，张正还抽出时间考了会计师证、营养师证和驾驶证。此外，他还学了唱歌、跳舞等交际才能，给自己添加了一个又一个"装备"。

就像武侠小说中的大侠一样，行走江湖之前，他们要练就十八般武艺。职场也是一样的道理。

人在职场，如果有"装备"，做什么事我们都能挺起胸膛；如果没"装备"，做事时我们就会慌里慌张。只有不断地武装自己，让自己比别人拥有更多的"装备"，职场路上我们才不会心发慌。

3. 简化思维，处理问题不能一根筋

不管你是在大公司还是小公司工作，同事多还是少，人与人之间的关系都很微妙，不经意间就会产生摩擦或矛盾。而且，无论你谨小慎微还是八面玲珑，都不能完全避免这一切的发生。

姜凯应聘一家公司成功，做了人力资源部门的主管。由于他工作积极，办事利落，在很短的时间内就把各部门管理得有声有色，深得老板器重。

但姜凯也遇到了一个难缠的对手。他发现业务部经理林放经常不按考勤制度上下班，外出也不打招呼；于是他直言相告，可林放表面答应得很好，第二天依然如故。

三番五次之后，姜凯很无奈，就在月底按制度扣了林放的缺勤工资。林放知道后跟姜凯吵了一架，两人的关系骤降，见面互不说话。

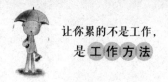

有一天，姜凯把此事向老板做了汇报，但老板不动声色地说："你们都是我的左膀右臂，为什么就不能好好相处呢？为什么就不想办法去解决矛盾呢？"

姜凯后来才知道，林放之所以这么"牛"，是因为他的业务做得非常出色，公司一半以上的业务都是他拉来的。老板特别照顾他，对他的散漫行为都是睁一只眼闭一只眼的。

姜凯不满意老板"踢皮球"的做法，但也无可奈何；因为没有老板的允许，他不敢贸然对林放做出下一步的处罚。

就这样，两个人每天都看对方不顺眼，心里有气。久而久之，姜凯心里有些失落，他想起了那句话："惹不起还躲不起吗？"于是，再遇到林放，他就爱答不理的，甚至打老远就会绕道走开。

时间久了，人力资源部和业务部在工作配合上经常出岔子，姜凯因此受到了老板的点名批评。他很郁闷，也很气愤，一气之下提出了辞职。老板再三挽留，可他还是离开了。

很快，姜凯去了另外一家公司做了人力资源部的经理。新老板对他很欣赏，大大小小的事都会交给他去做。正当他春风得意时，有一天老板兴冲冲地对他说："我挖到了一位业务奇才，以后你得好好跟他配合，为公司做出更大的贡献。"

姜凯说没问题。第二天，老板叫姜凯到办公室去见那位奇才，他看后不禁大吃一惊：对方正是原公司的业务经理林放！

真是天下之小，冤家路窄！面对如此情景，姜凯哭笑不得，他从老板的眼神里还看出，老板对林放比原老板更器重。

怎么办呢？姜凯又想到了跳槽。可是，这家公司的发展前景不错，也很适合自己施展拳脚，况且再换一家公司也未必有现在舒心。但是，与老冤家在一起共事，心里毕竟不舒坦。

姜凯在工作中又畏首畏尾起来，特别是有关林放工作上的事，他更不愿多说多管。

一天，老板把姜凯叫到办公室，开门见山地说："姜凯啊，最近我才知道你和林放之间曾有过矛盾，因为他，你才辞职来到我们公司的。对你们来说，这是一件倒霉的事，但对我来说是好事，因为两位都是人才啊！

"但是，作为人力资源部经理，如果你连这点矛盾都处理不好，怎么处理下属以及协调其他部门之间的矛盾呢？矛盾只有去面对才能解决，可面对并不等于针对，只要你能放低自己的姿态，一切矛盾都会迎刃而解。"

第二辑 职场拼得不是背景，是工作装备 ◇

听了老板的话，姜凯深有感触。是的，如果不能正视自己和林放之间的矛盾，就是再跳到其他公司也会遇到相同的矛盾。遇到矛盾就绕道走，只能让自己失去更多机会。

深思以后，姜凯与林放进行了一次沟通，他这才发现，原来之前是自己误解了对方，于是与对方握手言和。从此，在工作中他们配合得越来越默契了。

职场中，有了矛盾绕道走是一种消极的处事方式。绕道看似简单，实则会增加隔阂，产生距离。有时候，面对也是一种退让——只有走进对方的心里，找到问题的关键所在，才能化解双方的矛盾。

4. 把每一次跳槽当成"撑竿跳"

在职场中，很多人都有过跳槽的经历。有的人跳槽到了更好的企业，可多数人跳槽后不是原地踏步，就是职位下滑。

事实上，跳槽是个技术活，只有当你把跳槽当成"撑竿跳"的时候，才能成功！

　　曹晓是名牌大学毕业生，想进入一家起点高的公司并不难，但他觉得仅有在课本上学到的知识是不够的，他最欠缺的是工作经验。为解决这个问题，他决定去一家能真正锻炼自己的公司做事——既然是锻炼，就不能找制度完善的公司。

　　毕业后，不顾亲朋好友的劝说，曹晓固执地到了一家私企做人事助理。在一般公司里，人事助理的工作基本上与打杂无异，但这样才能真正磨炼人。

　　现实与曹晓想的一样，这家公司因为制度不完善，员工的工作杂乱无章。而他经常一个人做几个人的活，加班加点是家常便饭，有时还会被领导无缘无故地批评。

　　曹晓虽然不开心，甚至几次都想辞职不干了，但第二天早上依然会早起去上班，因为他深知，这样的磨炼对自己很有用。渐渐地，他的处事能力和工作效率都有了提高，还成为领导的得力助手。

　　这时，领导对他说："你在这里工作，没有感觉到不开心吧？"

　　曹晓憨憨地说："工作不只是为了开心啊！"

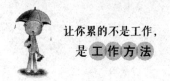
　　一年后，工作渐入佳境的曹晓在上级的苦苦挽留中，果断地选择了跳槽。

　　曹晓第一次跳槽时目标很明确，他选择了一家规模不大的外企做人力资源副主管。这家外企的工资并不高，但是制度相对健全，最有诱惑的是，一年中有很多外出学习和培训的机会。

　　其间，曹晓几乎参加了公司组织的所有学习和培训，无论多忙，他都会全力以赴。此外，他也注重自己其他方面能力的提升。

　　比如，曹晓觉得自己的口才不好，下班后便一个人在会议室里做演讲练习。当感觉稍微好一点了，他就请同事来听。接着，他尝试给部门员工做培训，最后给公司基层或者中层管理者做培训。

　　在一次次的自我修炼中，曹晓不仅弥补了自身的不足，综合素质也在一步步提升。

　　在这家外企工作了两年，当大家觉得曹晓如鱼得水之际，他又出人意料地提出了辞职。人力资源经理给出加薪的承诺，以示挽留，他笑着说："跳槽不只是为了加薪。"

　　第二次跳槽，曹晓把目标对准了大型国企，因为有在外企工作的经验，他轻而易举地应聘成为一家大型国企的人力资源主管。

在这家国企，曹晓学会了更多为人处世的技巧；经过长期的摸索，他的视野更广阔了，思维方式有了更大的扩展。一年后，他被升为人力资源部经理，福利和待遇有了进一步的提高。

然而，曹晓并没有满足现状，在国企干了两年后，他又选择了第三次跳槽。因为有在私企、外企、国企工作过的经验和背景，他很顺利地跳到一家极具潜力的中外合资企业，做人力资源总监。

职场中，跳槽不是为了自己开心；如果仅为开心，你就得不到锻炼，你的能力可能会因此而下降，事业可能将停滞不前。

但是，如果把你每一次跳槽都当成一个加速的起点，那么你的职位和薪水就会水涨船高，最终实现职业生涯的"撑竿跳"。也只有这样，你在职场中才会前程远大。

5. 抓住别人 "感冒" 的机会

    陈敏是一家知名品牌公司的设计员，她在这家公司已经工作 10 年了。

    刚进公司那一年，陆敏是设计部主管，生了孩子后，她就将大部分精力都投入到孩子身上了。总经理委婉地告诉她，如果不能全心全力带着团队工作，就要放弃主管的职位。

    陈敏思前想后，觉得还是要以家庭为重，于是主动放弃了主管职位。当她休完产假回到公司后，公司已经另外聘请了刘媛做主管。

    陈敏想，只要刘媛做得不好，自己还是有能力取代她的。可是，刘媛不仅做事认真，而且为人真诚，更善于激发团队的工作热情，大家都觉得她非常不错。陈敏虽然有点嫉妒，但也没法改变现实。

    两年后，老板又开了一家分公司，刘媛被调到新公司任设计部经理。这时候，一直等待机会的陈敏觉得自己终于等到了春天，她想，这次不能再轻易错过好机会了。

在这次选拔会上，有一个叫柳青的同事跟陈敏竞争设计部主管一职。在前面几个考核环节，她们各有千秋，但总经理还是比较倾向于让陈敏做主管，毕竟她有经验。但在部门投票环节中，她竟然落后柳青 3 票。

落选后的陈敏非常生气，觉得公司对自己不公平，甚至想跳槽。可后来她觉得这家公司在业内还是比较不错的，跳槽后不一定能找到这样的好工作。于是，她又继续坚持了下来。

好的公司、好的平台、好的职位，谁都不敢不努力。柳青当上主管后，工作非常勤奋，设计的产品很受客户的欢迎，也深得总经理的欣赏。

这时候，一些同事开始在背后说风凉话："陈敏，等柳青感冒了，你才可能有机会表现自己。"

听到这些话，陈敏并不生气，她意识到要想超越柳青，自己一定要优秀起来。于是，她报了设计方面的高级研修班，以期提高自己的技能；还经常参加设计圈里的一些著名沙龙，以此开阔自己的视野。在等待时机的过程中，她不断地自我激励说："是的，我只需要一个机会。"

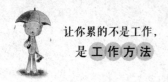

一次，一个大客户需要设计一批时髦的产品，拿去参加一系列国际性展览。由于客户对产品设计的要求高，时间紧急，加上产品种类较多；接到任务后，柳青虽然全力以赴，但是客户对设计的方案不太满意，她因此受到了总经理的批评。

那几天寒流袭来，柳青得了重感冒，医生建议她先在家休养。这时候，总经理给设计部开了一个紧急会议，要成立一个特别小组，选一个项目负责人。

由于责任重大，设计部的同事都不愿担此重任。陈敏觉得机会来了，她郑重地对总经理说："把这个任务交给我吧，我会和大家一起努力去完成。"

总经理一愣，暗想：近期来，陈敏一向不积极，能担大任吗？

陈敏看出了总经理的心思，于是拿出自己最新设计的产品给他看。总经理看后觉得很不错，就任命她为特别小组组长。

经过紧张而激烈的工作，陈敏带领设计部的同事提前一天完成了全部产品的设计，并受到了客户的赞扬。

项目完成后，总经理专门召开了一次表扬会。在会上，总经理让陈敏分享她的成功经验，她幽默地说："默默耕耘，抓住别人'感冒'的机会。"

在职场中，大多数人不可能永远都大放光芒，令人瞩目。就算你有才华，在公司里工作了几年、甚至十几年依然还是一个小职员。其实，成功有时候需要一个机会，当你经历挫折和失败，努力坚持之后不就等到机会了吗？

6. 按时上下班的人，运气差

我做了二十多年的 HR，可谓阅人无数。我不怕跟我讲工资、谈待遇的应聘者，只要有能力，工资、待遇高一点有何不可！因为他们能为公司创造更大的价值。但我最怕应聘者跟我说："我没有别的要求，只要能按时上下班就行了。"

一次，我面试了一个 90 后男孩。我问了他很多问题，他的回答令我非常满意。正当我为能这么快找到一名合适的职员而高兴时，男孩问我："经理，公司上下班时间是怎样的？"

我说："9 点上班。"

男孩点点头说："很好，这个时间点我喜欢。"

我又补充说："下班是 6 点。"

男孩突然惊叫道："下班是 6 点啊，很不合理哦。"

我被男孩的惊叫吓了一跳，说："我们是贸易公司，经常要盯单子，所以下班会晚一点。但是，中午也有一个小时的休息时间，每天也是工作 8 小时。"

男孩说："下班太晚了，我不能接受。"

我问他："那你以前都是几点钟下班？"

男孩说："5 点半。"

我笑了，说："你不差这半个小时吧？"

男孩说："差得远呢！"

我问他："怎么个差法？"

男孩说："如果早半个小时下班，坐公交车就不会有那么多人，路上也不会很堵车，这样到家的时间就会多出一个小时来。"

大城市的交通确实如此，男孩有这个想法也不怪他。他走的时候，我本想说一句"你慢走"，但不知道怎么就脱口而出"你快走"。

公司里有一个女孩叫吕莉莉，每天上下班她都是掐秒的，因此得了个外号："吕踩铃"。比如上班，一般员工都会提前 5 ～ 10 分钟到公司，这样就算赶不上电梯也不致迟到，可她偏不这样。

她每天 8 点 57 分到公司楼下停车场，还有 3 分钟是她从停车场到办公室打卡的时间。我常常看到她一路狂奔，打卡后，看到还剩几秒，她就捂住心口说："还好，没迟到。"

下班也是如此，她会早早地关掉电脑，收拾好桌面，站在打卡机前。下班时间一到，她的纤纤手指就落在打卡机上，接着一路小跑到停车场，整个动作一气呵成，一秒钟都不会浪费。

有一次上班，她一路狂奔并跟其中一个同事撞了个满怀。我实在忍不住就批评她："每天总这么急急忙忙的，不能早一点吗？"

她思维敏捷，伶牙俐齿，倒是一句话把我给问住了："经理，我有过迟到早退吗？我每天是按公司制度准时上下班的，制度没规定要早到晚走。"

我一时无语。不过，后来我还是残忍地淘汰了她。

我还面试过一名应聘主管岗位的男士，叫赵亮，他的学

历和能力很符合我们公司的岗位要求，我以为他要求的工资
会很高，没想到比我预想得低。我问他："按你以前在大公
司的经验和自身的能力，在我们公司会不会屈就？"

赵亮说："在大公司虽然工资高，可加班加点的比较
辛苦。"

我笑了："哪个公司都有加班的时候。"

赵亮说："我了解过了，你们公司还是比较人性化的，
一般情况下不加班，能准时上下班，很适合我。"

他这样说，我心里挺高兴，接着说："加班的公司也有
好处，工资高啊。"

赵亮接着说："找工作要看公司的时薪是怎样计算的，
而不是按照月薪计算。加班加点的公司，工资看上去很高，
其实按照时薪计算都是虚高。"

我有点惊讶，这个应聘人员竟然很清楚月薪和时薪的差
别。由于这个部门的主管职位难招人，我就录用了他。

入职后，赵亮对工作还是很认真的，只是多余的事不会
去做，一下班就走，也从不加班。

老板觉得他很有能力，想提拔他，让他多负责一些事
情。我去找赵亮沟通，他却说："我有家庭，也有自己的生
活方式，恐怕做不了更多的事情。"

老板早就知道他是这么想的，后来不止一次对我说："很可惜，很可惜。"

由于不想加班，公司的很多项目赵亮没法参与，而那些项目通常是员工升职加薪的好机会。所以，他在我们公司做了十多年，职位没升过，工资也涨得很少。

其实，不想加班能理解，但也不至于一次都不加，毕竟每家公司都有重点项目或特殊情况。职场中，完全恪守准时上下班原则的人，升职加薪的运气都不会太好。

7. 培养职场中的自愈力

在安哥拉的沙漠中，有一种叶子永不凋谢的植物叫千岁兰。那么，它的叶子为什么永不凋谢呢？

科学家研究发现，千岁兰的叶子不是不凋谢，而是叶子基部具有很强的再生和修复能力；前端在遭遇风沙的磨损后，损失的部分很快会由新生部分替补，所以叶子永远新绿。

在职场中摸爬滚打的你，有没有这种强大的自我修复

力呢？

江海在一家建筑集团公司任人事主管，勤勤恳恳地做了十多年。今年年初，人事经理另谋高就后，他一直觉得这个职位非自己莫属。不过，总经理并没有提拔他，而是外聘了一位人事经理。这让他非常失望，对工作慢慢地没了动力。

新来的人事经理张峰看到江海工作不在状态，找他谈过几次话，但他依然如故。

一次，公司一名刚入职的员工不小心出了工伤事故。在去医院后，发现江海没有及时为该员工购买工伤保险，不能报销医药费。为此，张峰对他进行了严厉的批评。

江海跟张峰大吵一架后辞职了，他去面试别的公司，结果很不如意。有一次周末他闲逛时，碰见了原公司的办公室秘书小杨。

小杨对他说："李总对你的离职很惋惜，他对我说你很有能力，本来想过半年后把你调到分公司任人事经理，只是你没沉住气。李总还让我见到你后转告你：'工作中不仅要有能力，更要有很强的自我修复力。'"

小杨的一席话让江海后悔不已。

江海仔细回想了一下原人事经理走后自己心态的变化：

一开始就认为自己是人事经理最合适的人选，但新人事经理到位后，他的心态发生了变化，所以工作开始不在状态。在因为出错跟新人事经理吵架以后，他不计后果地辞职了。

江海遇到的这种情况，在职场中很常见。虽然每个人都渴望升职加薪，但从公司的角度来讲，无论哪个岗位空缺了，安排什么人是要综合决策的，而不是由个人意愿所决定的。

所以，当你面对苦闷、挫折、不如意时，唯一的方法是不断修复自己，让自己变得更加强大。

陶侃是东晋名将，他骁勇善战，在战场上屡立战功。不过，他出众的才能让大将军王敦非常忌妒，于是找了个理由把他调到广州担任刺史，让他到这偏远的地方待着了。

陶侃到广州任职后，不抱怨、不消沉，精勤于吏职，将广州治理得井井有条。每天处理完公务还有片刻的休息时间，但他觉得休息不仅浪费时间，也会消磨意志，加上国家内忧外患，所以他于心不安，觉得自己应该做些什么。

他想到书房外有100多块弃砖，于是，在早上他会把砖运到书房旁边，傍晚又会把它们搬回原处，每天都是如此。

一天，一名下属问道："大人，你干吗把砖搬来搬去的呢？"

陶侃说："我立志要收复江北的中原失地，如果像现在这样过分悠闲、安逸，一旦朝廷有重要任务交下来，我恐怕会难当重任，所以我每天以此来锻炼自己的体力。"

后来，王敦因叛乱被杀，陶侃重新被朝廷重用。

人生就是这样，站在高峰的时间短，处在低谷的时间长。

陶侃被王敦调到偏远的广州后，心里自然不爽，但他并未怨天尤人、自暴自弃，而是进行了自我修复——在闲暇时，用搬砖的方式锻炼身体和意志，让自己处于不荒废的状态，随时等待时机。最后，他被朝廷重用并位极人臣。

所以，自我修复力是一个人在遭遇挫折时的强大驱动力，也是一个人必备的能力之一。

壁虎在紧急关头会用断尾的方式求得生存，不管当时疼不疼，只要给它时间，它总会把尾巴慢慢修复。职场上，每个人难免会遇到磕磕碰碰，唯有在暗中不断自我修复、慢慢积蓄力量，我们才能变得强大——我们未来的路，也才会充满阳光。

8. 职场千里马的逆袭故事

韩愈说："千里马常有，而伯乐不常有。"很多职场中人，常常埋怨自己时运不济，未遇伯乐。其实，很多时候你看起来像千里马，但还不是真正的千里马。这主要体现在以下几方面：

（1）你愿不愿意做一般性的工作？

在一次小型比赛中，一匹年轻的骏马脱颖而出，一举夺魁，被人们称为"千里马"。

千里马很快被一家驿站聘用，主人每天派它给边远地区的兵营送信。刚开始它觉得很自豪，但看到很多普通马与自己干着一样的工作后，便觉得这不是自己想做的。于是，它对主人说："我是千里马，千里马不能与普通马做一样的事。"

主人说："我们目前的工作性质就是这样，你先做好本

职工作再说。"

千里马说："我是千里马，应该随将军征战沙场，这么简单的工作为什么让我来做？简直是浪费人才。"

主人说："想驰骋沙场没有错，可你要先做好现在的本职工作，再等机会来临。"

千里马根本听不进去，见到谁都会说："我是千里马，未遇伯乐。"

主人被千里马吵得心烦，于是解聘了它。

初入职场，找一份好工作，发挥自己的特长是人人所希望的。故事中的千里马初入职场后不愿意从小事做起，一心想干大事，并抱怨主人不给它机会，最后被解聘了，这是它的悲哀。

职场中，无论你是千里马还是普通马，都要做好上司交给你的任务，也只有把每一项任务都做好了，你才有可能获得上司的信任，抓住更多的机会。

（2）你有没有勇气和担当？

千里马觉得自己未遇明主，为此深感遗憾，即使失去工作也不可惜。它想，千里马哪里会找不到工作呢？

果真，有一家镖局高薪聘请了千里马。在镖局，主人对它很器重，它在那里工作得很开心。一次，主人对千里马说："我有一项艰巨的任务想交给你去做。"

千里马问："什么艰巨的任务？"

主人说："我需要你把一件贵重的物品送到 A 城，但去 A 城很凶险，不仅要经过虎狼出没的地区，还要经过敌人设伏的地区。"

千里马听到要经过这么多危险的地区，不禁有点犹豫，问："经过这些危险区的概率有多大？"

主人沉默了一下，说："九死一生吧。"

千里马沉默了，因为它觉得自己是千里马，日后还要干大事，不想因此而牺牲。

主人看到千里马比较犹豫，最后选了一匹有潜力的马去执行任务。这匹马最后伤痕累累地活着回来了，并且出色地完成了任务，最终受到主人的器重。自此，主人对千里马的态度一落千丈。

小事不愿做，大事做不了，这是很多职场人的心态。在日常工作中，也许你做得很不错，上司也非常欣赏你；但当上司遇到棘手的事情时，肯定会先找有能力、可以信任的员工去做。

在上述故事中，当上司找到千里马后，它之所以不敢承

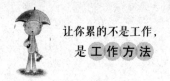

担任务，是出于对自身利益的考虑；而这让上司大失所望，也对它留下了不好的印象。

有勇气接受不容易成功的挑战，承担可能失败的风险，这是职场精英要具备的基本品质。

（3）你有没有能力和耐力？

千里马在镖局干不下去了，再次选择了跳槽。这时候，刚好一个军营在招聘良马，它很快就应聘上了。但它依然觉得自己是千里马，不屑做自己不想做的任何事情。

军营里的一匹老马看不下去了，对千里马说："如果不驮东西，我可能没有你跑得快；但如果我们都驮了东西，我未必会比你跑得慢。"

千里马不屑地摇摇头说："开什么玩笑，没有马能跑得过我。"

老马说："比试一下就知道了。"

于是，千里马和老马在背上各驮了300斤粮食，开始比赛。刚开始，千里马一马当先，但是跑着跑着，它就累得不行了。别看老马刚开始跑得很慢，但是它腿上有劲，耐力好，慢慢地就超越了千里马，最终率先到达终点。

看到老马这样轻易地战胜了自己，千里马非常失望和伤心。这时候，老马对它说："你是千里马不假，但也只是这个小圈子里的千里马，在更大的圈子里你还算不上千里马。"

千里马听后感到非常羞愧。

工作比的是持之以恒，而不是取得阶段性的胜利。故事中的千里马之所以跑得快，是因为本身具备这项能力。但是，它的这项能力在没有压力、没有对比的情况下，才会凸显出来。

那么，老马为什么能赢得比赛呢？是因为它长期负重工作，不仅能承受得住压力，而且还有良好的耐力——对它来说，负重前行是一件早就习惯了的事情。

在职场中，我们不要觉得自己有点能力，就不把任何工作放在眼里；因为干工作不仅要有能力，还要有耐力和承受力。只有当"能"和"耐"都拥有了，你才是个真正有"能耐"的人。

（4）沉下去后，你愿不愿意再浮上来？

痛定思痛，千里马要求将军把它分配到最苦最累的押运粮草的队伍里。很多马听到千里马来到了它们中间，议论纷纷："它是千里马，怎么被分配到这里来了呢？"

"什么千里马，不过就是一匹名不副实的劣马。"

千里马听后也不争辩,而是把精力都用在了工作中。它选择驮最重的货物、跑最远的路;在押运粮草时兢兢业业,经常出入敌人的包围圈,但总会把粮草及时送到前线去。

后来,将军心爱的坐骑在战争中受伤死亡,军师准备重新为将军选匹良马当坐骑,但他找了很久也没找到合适的。有一天,他突然发现押运粮草的队伍中有一匹优秀的千里马,非常惊讶地说:"这就是我要找的良马啊!"

从此,千里马做了将军的坐骑,追随着将军在战场上屡立战功。

做最苦最累的事情也不叫屈,被人冷嘲热讽也不出声,兢兢业业做好自己的事情等待机会,这就是千里马的蜕变之路。经过职场上的历练,它终于懂得了什么叫"千里马",也最终被伯乐发现,驰骋沙场,实现了自己的梦想和价值。

身在职场,很多人不愿意沉下去,觉得只有站在山巅之上,才能施展自己的才华、发挥自己的能力。可是,一旦遇到困难,他们不会积极面对,并总是抱怨别人,甚至一蹶不振。

在职场中,只有沉下去,然后浮起来,才能完成最华丽的逆袭,成为一匹越来越优秀的千里马!

9. 比你厉害的人，比你更努力

我曾经在一家待遇很好的公司工作过，可进去没多久，我就离开了；原因并不是我不努力，而是我不如人家努力；不是我甘心认命，而是我不如人家拼命！

我们部门的经理叫林朗，同事们都称他为"林狼"——他要求我们工作没完成前不能下班，所以加班加点是我们的工作常态。我们都觉得这种人没有情趣，不会享受生活，也都觉得他是为了薪水、职位在拼命。

有一次，都晚上 10 点了，林朗还不让大家下班，他非要敲定一个竞争方案才行。我们虽然一百个不愿意，但也没办法。最后，完成方案后已经是凌晨 4 点多了，他帮我们每个人叫了一辆出租车，让我们回家后，睡醒了再来上班，实在来不了也没关系。

当下午我睡眼惺忪地来到公司时，林朗已经拿着我们的竞争方案，红着眼睛兴冲冲地凯旋。有人问他："你为什么

那么拼命？偶尔停下来享受一下生活不好吗？"

林朗说："我停下来没问题啊，最怕的是，比你牛的人不但不会停下来，还比你更拼命！"

林朗的话足以让我们每个人深思。

是的，我们理想中的工作应该是一份薪水高、职位好，轻松自由，还能够被领导重视又能发挥自己特长的工作。可是，那种工作怎样才能得来呢？除了运用个人智慧以外，努力拼命也是一条重要的途径！

身在职场，无论你是何种角色，工作中的上进、拼命都是一种可贵的品质。一般情况下，你的品质会决定你在职场中的薪水、职位和工作心态。

现在，很多人都觉得"拼命"是一个贬义词，因为它会给人们的生活、心理以及健康带来负面影响；而那些拼命工作的人，则长期被冠以不懂轻松工作和享受生活的恶名。

可是，工作中不拼命，谁会重视你、重用你？看看自己身边那些领导，有几个人在工作中是松松垮垮的？几乎大部分领导的工作时间都比员工长，压力也比员工大。

如果我们把拼命看作是一种乐趣、一种动力、一种开花结果的梦想，那么，你就会感觉到拼命并不辛苦。

也许，只有拼过，才有可能像富翁一样在沙滩上悠闲地钓鱼、晒太阳；但如果不拼命，不拿出自己的优势和本领，也许有一天我们就会像破船一样被搁浅在沙滩上。

在职场中，除了比牛人更拼命外，喜欢"不喜欢"也是一种能力。

有一段时间，我的工作不顺，一年内换了四五份工作，但是在最后一次跳槽后，我终于找到了一份令自己满意的工作。我想，这回我终于能充分发挥自己的特长了，没想到接下来的事并不顺。

我的女上司是一个"工作狂+变态狂"，每次她都会分派给我不喜欢的工作。比如，她总是安排我出差，一去就是一星期，这对晕车的我来说是极大的折磨。为此，我常常会唉声叹气，更多的是不满。但是，每当我心怀不满的时候，一想到公司的工程师老吴，我的内心就会平静许多。

老吴进公司有十多年了，面对枯燥单一的工作，他严谨而认真，从来不抱怨。他在公司经常受到表彰，所有领导都欣赏他，包括我的女上司。公司有好事自然少不了他，每次调整薪资，他一定是涨幅最大的那个。

"你很喜欢这份工作吧？人只有做喜欢的事，才会做得这么好。"有一次，我不无羡慕地问老吴。

"说实在的，我不太喜欢这份工作。"老吴微笑着说。

"为什么？"我很惊讶。

"你还不知道吧，我从小就喜欢美术，我是美术学院毕业的。"老吴淡淡地说。

"为什么你不喜欢这份工作，还能把它做得这么好呢？"我更惊讶了。

老吴笑而不答。

有一次下班后，老吴约我到他家里做客。到他家后我发现，他家并不大，但有个书房，墙上挂满了他画的画。他的画算不上大作，只在市内获过小奖，但是一提到画，他整个人都会眉飞色舞起来，与在工作中的那种一丝不苟的状态完全不同。

"你既然不喜欢现在的工作，为什么不专门去做你喜欢的事呢？那样可以发挥你的长处。"我问他。

"为什么一定要做自己喜欢的事呢？"他反问我，"你看我们每天要做的事有多少是自己真正喜欢的？况且，喜欢的事你并不一定会全身心地去做，因为你喜欢，做一点就很满足了，这样不会求上进。"

生活中，最难得的不是做自己喜欢的事，而是做自己原本不喜欢的事。

喜欢"不喜欢"也是一种能力！

10. 是金子，也要学会正确地推销自己

一次，公司组织野外拓展，有一项训练科目是"跨越障碍"。项目规则是：越过种种障碍，用时不超过 55 秒才算及格。

大部分同事都顺利过关了，轮到同事陈伟时，大家都禁不住发起笑来——因为他很胖，要挑战成功根本不可能。

第一次跨越障碍时陈伟虽然跑得飞快，但明显有些不适应；到终点时，教练报告他的用时是 58 秒，与及格要求相差 3 秒。

陈伟摇摇头，有点泄气了。

第二次跨越障碍，陈伟明显信心不足，跑得比上次慢了一点。教练大声地告诉他："陈伟，这次你跑得不错，用了 57 秒，说明比第一次跨越障碍时熟练了！"

　　我们都愣了，陈伟明明比第一次跑得慢，可教练为什么说他快了一秒？

　　陈伟也一愣，但随即露出惊喜的神色。教练很郑重地告诉他："是的，第二次你跨越障碍时比第一次快了一秒，只要你再注意一下跑步的节奏，你会更快的！"

　　第三次跨越障碍，我们看到陈伟攒足了劲，像旋风一样冲了出去。结果，他用时 54 秒达到了及格要求。

　　陈伟开心地大叫着。教练也笑了，他把不可能的事变成了可能。

　　休息的时候，我很不解地问教练："为何你不把陈伟第二次跨越障碍的成绩实话实说呢？"

　　教练听了，笑笑说："有时候，实话实说只会让人消沉，因为他感觉不到自己的进步，严重者还会减速、退步。可人都是有潜力的，事实证明：每一次给一个人加速，他就会提速啊！"

　　是的，职场中的管理者就是一个给力的"教练"，只要你不断给下属以鼓励，他们就会有动力；你若给下属加速，他们就会提速；你若给下属提速，他们就会跨越，甚至是超越！

但是，在职场中，即使自己是金子，我们也要学会正确地推销自己。

去年李明失业了，年龄偏大的他在招聘网上群发简历，但半年过去了，他竟没收到一次满意的应聘通知。

这让李明百思不得其解。他仔细查看了自己的应聘简历，恍然大悟！原来，自己简历上的相片是刚离开前公司时照的，相片上的自己精神面貌不佳，让人看着很不舒服。

于是，李明换了一张自己很满意的相片，再次把简历投递了出去。没过多久，果然有一家大公司通知他去面试。

面试那天，人力资源部经理见到李明时左看看右看看，之后很疑惑地问：“怎么简历上的相片与你本人不像呢？”

李明诚实地说：“对不起，那是我几年前的相片。”

人力资源部经理问：“你为什么用以前的相片，而不用现在的相片呢？”

李明笑着说：“我年龄偏大，而且长得也不帅，之前投递了很多简历都没有下文，我估计是简历上相片的问题导致的吧，所以这次换了年轻时的相片。我想，只有这样才有机会跟你见面，见面了才有机会向你展示我的才能。我相信我是一块金子，但金子也需要被发现的机会。”

人力资源部经理听后哈哈大笑，之后点点头说：“我倒

要看看你到底是金子还是石头。"

接下来的面试，李明的表现让人力资源部经理非常满意。接着，他顺利地被录用，进入了公司。之后，他的业绩突飞猛进，很快得到公司上上下下的认可。

每次见到李明，人力资源部经理都会拍着他的肩膀赞许地说："你果然是一块金子啊！"

我们常说，是金子总会发光的！但是，职场中有很多像金子一样的人，他们总是愿意默默去等待机会。然而，这通常会导致自己错失良机，甚至永远被埋没，得不到发光的机会。

如果你自认为是一块金子，就要想办法发光，尽快地发挥自己最大的价值。如果金子一直埋在土里，那么，它跟那些普通的石头又有什么区别呢？

11. 做一个派头十足的自己

　　几年前，与我一同毕业的同学蔡东明，原本有机会进入一家待遇较好的大企业工作，但他经过观察和思考后"弃明投暗"，果断进了一家刚成立不久的展览服务公司。

　　我曾问他："这家公司有良好的制度吗？"

　　蔡东明摇头说："没有。"

　　我又问："这家公司能给你丰厚的薪水吗？"

　　蔡东明还是摇头说："暂时不能。"

　　我不解地问："那你到底是为了什么？"

　　蔡东明说："据了解这家公司的老板能给员工'派头'。"

　　我听后哈哈大笑，说："笑话，这年头哪个员工不都是累死累活的打工仔？哪个老板不都是想榨干你的最后一滴油？公司还会给你'派头'，你是哪根筋短路了吧？"

　　蔡东明笑而不答，他拿出名片给我看，我看到他的职位是"运营部经理"。

我指着名片问："这就是你所说的派头？"

蔡东明说："是的，我们公司每个员工名片上的最低头衔都是经理级的职位。你可别看一张名片，出去见客户时作用可大着呢，起码人家不敢小看你，最少也得派个同级别的人来跟你谈业务，最后，结果往往事半功倍啊！"

我鼻子一哼，嘴上不认，但是心里认了。假如蔡东明去我们公司谈业务，我还真不够资格去接待他，这就是所谓的"派头"吧！

半年过去了，正当我忙得焦头烂额的时候，蔡东明打电话过来约我晚上去喝咖啡。见面后，我就对他说："这段时间你很闲啊，还有时间喝咖啡？"

蔡东明不慌不忙，娓娓道来。

原来，蔡东明每个月大概负责两个项目，只要在保证利润和服务的前提下，其他事情由个人全权负责。也就是说，只要把这两个项目做好，其他事情他都不用管，也可以选择休假。不仅他是这样，公司每个部门的"派头"，都有这样的权利。

老板还说过一句令蔡东明震撼的话："每个项目的负责人就是这个项目的老板！在盈利的基础上，大家完全可以按照自己的想法去开展工作。"

我听后，一脸的羡慕。

半年多不见，蔡东明在我面前表现出来的言谈举止，真的就像一个小老板，可谓派头十足！

一天，我路过蔡东明所在的公司，忍不住好奇，于是没跟他打招呼就上去了。刚好他不在，公司的一个胖员工接待了我。

胖员工知道我的来意，显得很热情。他给我讲公司的前景，讲公司的员工如何能干、如何团结、如何热爱公司；对蔡东明也赞不绝口，听起来好像他们公司人人都是精英，都是能人。

我没多少兴趣听他夸夸其谈，用眼睛扫视了一下办公室，顿时没了最初的向往。办公室里很拥挤，除了杂物间，十几个人挤在一间 30 平方米左右的大屋子里。面对这样的环境，我礼貌地跟胖员工道别后，扭头就走了。

我刚下楼，蔡东明就打来电话问我："你刚来我们公司了？"

我吃惊地问："你怎么知道？"

蔡东明说："刚才老板打电话告诉我的。"

我一惊，问："那个接待我的胖员工是你们老板？"

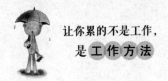
蔡东明说："正是。你想不到吧？走，我们去老地方喝咖啡！"

我说："你没搞错吧，你在工作呢，不怕老板炒了你吗？"

蔡东明笑道："老板见我有朋友来，特地放了我半天假。"

我嫉妒地挂了蔡东明的电话，心里却一阵热乎。我想，当大家遇上这样的老板，谁也不愿意跳槽吧？我这才明白蔡东明为什么愿意留在这家公司了。

记得全球金融危机那年，蔡东明所在的公司因经济效益直线下滑，最后资金告急，连发工资都成了问题。我劝他："跳槽吧，你为公司做出了不少贡献，现在就是走了也不欠公司什么。"

蔡东明很郑重地告诉我："不能走，公司不欠我什么，可是我欠公司很多、欠老板很多。要走，我也要等还清了再走。"

过了一段时间，蔡东明兴奋地告诉我，公司里没有一个人离职。我问他为什么，他笑嘻嘻地说："工作好找，但是去哪里找这样一个让你有成就感、有派头的老板呢？"

可想而知，有蔡东明这帮喜欢"派头"的人，他们公司不仅不会倒闭，日后还会发展得红红火火呢！

如果一家企业长期招不到优秀员工或者留不住优秀员工，不妨试着给员工一个"派头"吧！

12. 如何击退职业倦怠感

我有一个做销售的前同事叫李辉，大家昵称他辉哥，他为人就像一潭死水，平时工作起来不紧不慢的。有一天，他突然痴迷上了汽车，只要一闲下来就看有关车的信息；一见面就跟人聊车，一提到车就眉飞色舞，精神百倍。

有一次，辉哥跟同事聊天，高调地说："我一定要买辆跑车开开。"

同事笑了，说："吹牛吧？你有钱买跑车吗？咱们老板还没有跑车呢。"

同事不相信也正常，那时辉哥的工资并不高，别说买跑车了，就是全款买一辆普通轿车都不太现实。

从那以后，辉哥更加卖力地工作，经常加班加点。后来因为业绩突出，年底他被加薪，还得了一大笔奖金。过完年，

他就买了一辆车，但不是跑车，而是一辆奇瑞 QQ。

同事笑话他："你不是说买跑车吗，怎么买了辆奇瑞QQ？"

辉哥笑着说："一年一小步，很快就有了。"他说这句话的时候没有丝毫的自卑，因为他总会在欢笑声中开着奇瑞QQ 去驰骋。

半年后，辉哥把奇瑞 QQ 卖了，换了一辆捷达车。买了新车后，同事还在笑话他："你什么时候买跑车啊，我们也沾光坐坐！"

辉哥知道同事是在揶揄他，也不恼火，笑着说："快了快了，你们先坐坐这辆车也不错。"

一年后，辉哥又把捷达车卖了，但这次他竟然换了一辆奥迪 Q5，这辆车可要 40 多万元呢！

这下大伙都不笑话辉哥了，觉得他可真有能耐，有自己的计划并一步一步地去实现。然而，这时大家发现辉哥的财务出了状况，他的午餐由盒饭变成三个馒头加一包榨菜。

同事仿佛又找到了嘲笑辉哥的理由，说："辉哥，奥迪＋馒头＋榨菜，真是 Q5 啊。"他笑笑说："情况只是暂时的，很快就会改变。"

每天上班的时候，辉哥都是神采奕奕的，也是公司里最忙的那个人，他会把工作处理得妥妥当当的。可下班后，他就开着Q5迅速离开。

我们都很好奇辉哥下班后去哪儿了，后来才知道，原来他老婆辞职了，做了某品牌产品的代理人，他下班后就去帮老婆送货。

我们这才恍然大悟，原来辉哥的豪言壮语不是吹牛，是早就做好了准备。

有一天，辉哥开着一辆崭新的宝马Z4跑车来到公司，我们都惊呆了！但辉哥不是来向我们炫耀的，而是来辞职的。

晚上，老板请辉哥和大家吃饭，老板动情地说："马云、王健林这样的励志人物离我们太遥远，但是李辉的奋斗故事就发生在我们身边，很励志。你们以后要辞职就像李辉一样开着跑车来，我不仅不阻拦，以后还会跟你们合作。"

后来，辉哥把产品从区代理做到了省代理，生意越做越大。一次，偶然遇见辉哥，我问他："有件事我一直没想明白，那时候你没钱，为什么想着要买跑车呢？"

辉哥说："想开跑车，你就得有目标；有目标就会有动力，就像奔跑中的四个车轮子一样停不下来，催着你拼命向前！"

｜第二辑｜ 职场拼得不是背景，是工作装备 ◇

我终于明白，辉哥为什么一定要开跑车了。买辆跑车闯世界，那不是炫耀，而是一种动力！

13. 专注，最大限度地发挥自身潜力

在职场中，很多人有时候会觉得工作不称心，经常抱怨，可是在工作中，你真的用心了吗？这主要分以下几种情况：

（1）真正用心。

克明是一家公司的设计师，对于客户的产品设计他一向都很用心，在竞标中，他的设计鲜有失手的时候。可最近一段时间，他设计的产品参与竞标时，屡屡被另外一家公司打败。

领导非常不高兴，对克明说："你最近的工作很不用心啊！"

克明为此感到很委屈，跟领导解释说自己一向都很用心，不承想领导听后更生气了。

过了一段时间，领导把竞争对手设计的产品拿给克明看，他这才发现，人家设计的产品比自己更用心，难怪自己会落选。

可见，很多时候我们自认为用心了，其实是没有从其他角度去看待问题，就像克明——他付出了70%的努力，但是竞争对手却付出了90%的努力。

假如每次我们都比别人多用心一点，那么结果怎么会不好呢！

（2）将心比心。

方洁是一家电器商场的导购员，有一回，一位客户买完电视后，发现它有瑕疵，非常不满意，要求退货。方洁却对客户说："这有什么大不了的，换一台不就得了吗？不要大惊小怪的。"

方洁的话激起了客户的不满，上级领导知道情况后，对她进行了严厉的批评，为此她很不服气。

回到家中，老公兴高采烈地告诉方洁，他买了一台新洗衣机。她走过去一看，发现洗衣机外壳被划了，影响美观。她感到非常不爽，于是打电话要求退换。

在工作中，如果工作效率不高，最大的一个问题就是严

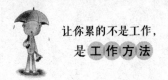

于律人，宽以待己。很多人犯错后总是给自己找借口，推卸责任；而别人犯了错，却一点也不马虎，会揪住对方不放，甚至大吵大闹。

职场中，不能将心比心，你就永远也做不好工作，只有体谅他人，你才能赢得他人的尊重和信任。

（3）没心没肺。

李林在一家私企干了 10 年，他虽然资历老，但一直是部门副职，这让他很郁闷。

年底时，部门主任被调去总公司。按道理，李林是最有资格升任部门主任的，可最后的人选不是他。

李林向老板递交了辞职信，老板把他叫到办公室，和颜悦色地说："你工作很卖力，但有个缺点，就是开会的时候你不敢向上级提意见；平时部门员工犯错了你也不敢批评，产品出问题了你更不敢承担责任。作为一名管理人员，有些事必须严肃处理，不能永远做老好人。所以，你做副手比做正手合适。"

听了老板的话，李林很是羞愧，收回了辞职信。

在工作中，我们不要怕同事对自己有意见，而要多跟同事沟通，想办法解除误会。在老板面前，我们不要怕受批评，被老板批评几句就打退堂鼓，那样，我们什么也做不成。

所以，有时候我们要"没心没肺"地工作，不能把什么事都放在心上。

在工作中，用心我们就会做得更好，用心我们就会赢！

〖第二辑〗 职场拼得不是背景，是工作装备 ◇

第三辑　我不愿向这个功利的世界投降

在工作中，"因为＋所以"有时候是借口，有时候是方法。找借口的，"因为＋所以"只能＝0，甚至是负数；找方法的，"因为＋所以"＝100，甚至大于100！

1. 不弄错"位"，方能上位

在职场中，与领导接触时要学会运用关于"位"的礼仪。有时候它是一种基本的社交礼仪、是一种与领导的相处之道，目的不是为了讨好领导，体现的是对他人的尊重。掌握了它，有助于你在职场中走得更远。

对职场中人而言，不弄错"位"，方能上位！这主要体现在以下几方面：

（1）与领导吃饭、坐车——别坐错位。

公司组织员工去春游，经理一反单独让司机开专车的惯例，也坐旅游大巴与员工同去。

一开始，经理坐在司机后面的第二排座位。中途，他和大家一起下车去卫生间，但等到他回来的时候，很多员工没有按照原来的座位坐；后勤部的章明看到自己的座位被其他同事占了，就大大咧咧地坐在了经理的位置上。

经理回来一看，愣了一下，章明还跟他开玩笑地说："我坐这里，您不介意吧？"

经理只好说："不介意，不介意，坐哪里都一样。"说完，他就坐到后排去了。

吃饭的时候，因为是圆桌，员工都没怎么讲究，"哗啦"一下就坐下了。经理打了个电话回来，一看只有上菜的位置了，无奈就座后脸色阴沉，有点不爽。

当今职场中，不少领导虽然不会刻意摆架子，但也希望获得下属的敬重。所以，与领导"同坐"的礼仪是：坐车时，让领导的座位处于安全、舒适和方便的位置；开会时，以让领导"居高临下"为宜；饭桌上，以让领导坐在面朝门口或者后面有墙的位置为宜。

如果你实在分不清上、下位或者主、次位，那么，在入座的时候要等领导先入座。所以，不要有意无意地占了领导的位置。

（2）与领导共进晚餐——别夹错位。

到了年中，业务部的业绩非常棒，总经理在海鲜酒楼宴请业务部全体员工，这让大伙非常开心。

饭桌上，总经理说大家放开来吃，别拘束。但是，吃着吃着大家发现总经理不动筷了，只在喝酒。大家觉得奇怪，经过观察发现，原来员工张麒有一个坏毛病：每道菜上来后，他总是会把菜碟转到自己面前，而且还会用筷子把菜翻个底朝天。他乐此不疲，吃得津津有味。

怪不得领导会没胃口，大家顿时也没胃口了。

有时候，跟领导一起吃饭不是一件轻松的事。每道菜上来后，一般的礼仪是先请领导动筷，等领导夹完菜后，按顺时针方向轻轻转动转盘。

夹菜时，要等菜碟转到自己面前再动筷，切不可抢在领导和同事前面，以免引起筷子"打架"的状况。夹菜后也轻轻转动转盘到下一位，以示礼貌。有的领导虽然不是很在乎吃多吃少、喝多喝少，但是也会通过吃相看人。

（3）与领导合影握手——别站错位。

有一天，董事长来到办公室主任杨晓那里取文件，他看到墙上挂着一张他和杨晓在一次表彰会上的合影，顿时沉下脸，很不高兴地走了。

杨晓觉得莫名其妙，却又不好直接问，久久盯着那张合影百思不得其解。后来，他问了董事长秘书，这才解开了小秘密。

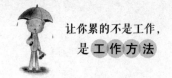

原来，问题就出在杨晓和董事长合照时的站位和握手上。杨晓站在镜头左边，董事长站在镜头右边，杨晓还把双手搭在了董事长的手上。这张相片让杨晓成了主角，董事长成了配角，难怪董事长会不高兴！

无论是在商务场合，还是一般性的社交场合，与领导握手不是一门简单的学问。特别是在跟下属的握手合影中，大多数领导都希望出现在镜头左边，因为这样的握手方式，领导的手在上方，有一种居高临下的强势。相反，如果站在镜头右边，手心向上，那就是一种弱势的体现。

因此，下属若与领导合影，要站在镜头右边，让领导成为主角。与领导握手，最关键的事情还不是握手力度的轻重、谁先出手等问题，而是别站错位。

2. 向对手学习，你才能变得更强大

像毛驴一样勤奋，工作却在原地踏步；像毛驴一样劳累，渴望得到几句夸奖，落下来的却是皮鞭。这是很多职场人的

真实体验。

其实，在职场中想要摆脱毛驴拉磨的命运，像千里马一样被人赏识并重用，不是不可能；而是需要根据自身情况，不断地进行反思和改进。

解铃还须系铃人，读读下面的故事，或许我们就能从毛驴身上找到突破口。

（1）你是否只做一样工作。

在动物王国里，动物们要举行一场联谊会，秘书狐狸对毛驴说："你的嗓门高，就来一场独唱吧。"

毛驴说："我不去，我唱歌很难听。"

狐狸说："那你去试试做主持人吧。"

毛驴说："我不去，我形象不好。"

狐狸问："那你会干什么？"

毛驴说："我只会拉磨。"

狐狸说："好，那你就去拉磨吧。"

狐狸建议毛驴唱歌、做主持人，是看中了它嗓门高的优点。而毛驴却抱着能不做就不做、只要能拉好磨的心态，一再找借口，把自我表现的机会推脱了。

在职场中，你不能像毛驴一样只做一样工作。因为，除

了本职工作，公司里的其他事情只要是有利于工作的，你都要尝试着去做。

你要以主人公的心态对待公司的其他工作，并且用心去完善自己。如果除了本职工作什么事都不去关心，并且都以本职工作为挡箭牌推脱，久而久之就只能原地踏步，在一个工作岗位上默默"拉磨"。

（2）你是否只耕耘，不收获。

动物王国的最高领导老虎下山视察，看到其他动物都在玩，只有毛驴在拉磨。老虎顿时赞不绝口地说："有这样勤奋的员工，是我们动物王国的幸事！"

秘书狐狸对老虎说："老板，毛驴很勤奋没错，但是现在磨上已经没有东西了，它还在拉磨，这不是在制造假象吗？"

老虎一看，果真如此，不禁摇头叹息。

毛驴的勤劳毋庸置疑，而没有功劳也有苦劳的结果虽然让人不便指责，却会让人失望。

在职场中，不能"只问耕耘，不问收获"，你忙不忙碌并不重要，老板看重的是你把工作做好了没有。与其劳而微功地超负荷工作，不如抽时间静下来思考，以提高工作效率。

如果你的工作没有收获，你必须果断改变自己的工作方式。

（3）你有没有合作的胸襟。

毛驴和羊去游园。毛驴发现墙头上有一簇簇青草，非常眼馋，可无论怎么努力，它都够不着，总差那么一点点。

这时，毛驴发现墙角旁有一把梯子，但它搬不动，需要羊来帮忙。可这么一来，它就要跟羊分青草吃，于是，它干叫了几声就放弃了。

毛驴吃不到青草不是它智力不行，也不是它不懂合作的重要性；只是它没有合作的胸襟。

在职场中，总想着单打独斗不行，个人的才智、力量终究有限；要想有一番作为，你需要合作伙伴，比如跟其他部门的同事合作。

然而，不是谁都有与人合作的胸襟，正如不是谁都能够成就一番事业的。因为，与人合作之前，你需要先在心里确立与人分享成果的理念；合作既包括工作，也包括分享。

（4）你是不是公司的保值品。

在年终大会上，毛驴又一次没评上"劳模"，它委屈地向秘书狐狸申冤："为什么我最勤劳、最辛苦，却年年评不

上先进工作者？"

狐狸笑着说："是啊，你拉磨的本领无人能及，可是公司要与时俱进，明年准备改用机器磨了。"

毛驴显然没想过，有一天它会因社会加快发展的步伐而被淘汰。

时代在前进，公司在发展，如果不及时学习，跟不上大家的步伐，你迟早会被淘汰。

在职场中，做个保值品并不难，只要你关注公司的发展方向，及时调整自己的步伐，学习新技能，那么，你不但会是一个保值品，还会是一个增值品！

职场中，可能大多数人都希望成为千里马，受赏识、被重用。然而，辛辛苦苦、兢兢业业，一不留神却发现自己已经被定性为只能拉磨的毛驴了。

解铃还须系铃人，要想摆脱这种状况，就需要把那些影响自己发展的问题解决掉。只有摆脱了毛驴的思维模式，超越了毛驴的行为准则，才能脱胎换骨成为千里马。

3. 做好人，不如做对事

跳槽是职场中人的一种常态，不外乎干得不开心，薪水拿得少，个人发展空间有限，有更好的发展机会等几大诱因。有一句流行的职场口号是：兄弟，我们一起跳槽吧！

（1）跳槽不如卧槽。

江科毕业后到一家房地产公司上班，刚开始他感觉这里的待遇、福利都不错，很喜欢这份工作。可有一次，他偶然得知跟自己一同进公司的王翰，工资竟然比自己多了1000多元，为此他很疑惑。最后，他弄清了原因：王翰是名牌大学毕业生，而自己是普通大学毕业生。

面对这个"认牌"不认人的公司，江科很是失望。工作之余，他经常在网上找新工作，可是并不顺利。最后，他审时度势，调整方向，觉得现在公司的发展方向不错，与其跳槽，不如卧槽。

江科心想，自己除了"底牌"不如对方的亮以外，哪儿比不上他？于是，他开始加倍努力，终于在一次大型项目上表现出色，受到副总的赏识，一下子被提拔到公司项目经理的位置，职位和薪水都上了一个档次。

江科露出久违的笑容，心想，好在当初没跳槽！

很多人在工作中受了委屈，首先想到的就是跳槽。可跳槽的终极目的是什么？就是为了不再跳槽。

显然，卧槽的代价小于跳槽。因为，好处是有时候工作无聊，但是熟悉；薪水不多，但是稳定；上升空间不大，但是已经奋斗到了一官半职，等等。起码你不用再为新工作奔波，就算找到新工作入了职，还有要忍受新老板的脸色等坏处。

在职场中，卧槽是一种睿智之举，有句话是：跳得好，不如卧得妙！

（2）能忍不如柔韧。

挨训、受委屈是初入职场者的必修课，因为就算是职场老人，也曾经挨过领导的批评，受过工作上的委屈。被批评或受委屈之后，职场中人常有两种选择：一是走人，二是忍着。大多数人都会选择第二种。

君不见，职场上有几人不唉声叹气，但又不得不强作欢颜的？那么，我们为什么不换一种方式呢？能忍不如柔韧！

艾美是一家装饰公司的设计师，她刚进公司的时候，上司总不满意她设计的方案，一个方案从开始到结束，经常要修改十多次，为此她觉得上司很讨厌。

刚开始艾美忍气吞声，任上司数落和责难。她心想，时间长了，上司也就不那么难缠了吧。

可是，艾美隐忍的态度并没得到上司的好感，对方反而变本加厉了。她觉得这样下去也不是办法，于是在上司再次批评自己的时候，她就会哭——这倒是激起了上司的同情心，也就对她不再那么苛刻了。

不过，艾美知道哭不能解决根本问题，于是试着跟上司进行沟通。有一次，艾美把做好的方案交给上司，当上司挑剔过后，她壮着胆子委婉地提出了自己当时做这个方案的想法。

上司一愣，继而耐心地听完了她的想法，并且破天荒第一次没有让她再修改设计方案。

有了这一次的成功经验，艾美对上司逐渐学会了使用迂回战术，委婉地跟上司进行沟通，提出有用的建议。渐渐地，她得到了上司的认同。当上司升迁后，她也顺理成章地坐到

了上司原来的位置。

职场中，凡是遇到严厉的上司，多数人都会选择忍气吞声：谁让自己倒霉呢？

虽然隐忍能暂时避免与上司发生冲突，但始终不能解决问题。这会让你处于一种被压抑的状态，久而久之就会失去信心，丧失对工作的热情。但是，柔韧是产生动力的源泉，有时候学会柔而不软，妥协而不退让，凡事迂回前进，将会事半功倍！

4. 做一个值得信赖的人

职场中，有人老老实实做事，却时时处处不被老板欣赏；有人圆滑、狡诈，却尽显风光！但是，有人则是职场老好人，也是做错事最多的那个；有人则天生不讨人喜欢，但是办事干练，游刃有余。

于是，不少职场人感叹：好人难做！

李乾和李坤是两兄弟，毕业后在同一家公司上班。

李乾是部门的组长，他为人老实，还是个热心肠，喜欢帮助人。班组里的人很团结，但是工作上总出问题。因为，员工每次犯了错，李乾都是以教育为主，很少进行处罚。所以，这很难起到"震慑"作用，员工还是会频频出错。

李坤负责另外一个部门的工作，他为人圆滑，做事有点狠劲——因为工作中总有完不成的任务，经常需要加班加点，员工们怨声四起。大家虽然不喜欢他的为人，但是年终每个人都拿到丰厚的奖金时，大家会一扫之前的不满，笑逐颜开。

职场中，没有好人、坏人之分，能为企业带来最大效益的人，才是优秀的员工。

但是，很多职场人羡慕老板身边的那些红人，因为他们风光无限。其实，只要仔细留意就会发现，那些所谓的红人，只不过是一时风光，结局往往都很惨，不是被降职，就是自动离职。

所以，做红人不如做"丑人"。精明的职场中人一语道破天机：做"丑人"，聪明；做"红人"，才蠢！

朱可是总经理助理，他是老板身边的"红人"，整天陪着老板跑前跑后，公司的重大场合里或是宴请重要客户等好

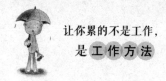

事上，总少不了他的身影。在别人看来，这个职位权力大，工作也舒服，人人都羡慕不已。

刘元是人力资源部经理，在传达公司任务、落实公司制度上，他严格得不近人情，常常被人在背后骂成"老板的黑脸"。

刘元听了也不恼，因为他深知，想要在公司立稳脚跟，必须有过硬的能力，而不是老板的抬爱。因为，老板身边不可能只有一个"红人"，"红"太久，秘密不存——当朱可"红"过去后，又有了"马可""杨可"等，但刘元的位置却稳如泰山！

其实，在职场中，"红人"的特点通常是老板的面子，老板的标杆；而"丑人"恰恰相反，他们是老板的"借口"，老板会通过他们的嘴下达命令。

如果你在公司经常被人骂成"老板的黑脸"，那么恭喜你：你已经修炼为一名"丑人"了，你在公司的职位已经很高，地位已经很牢了！

5. "金牌御用"的职业经

我刚入职场的时候做行政工作，就是给办公室主任打印文件、写讲稿、跑腿送东西等，工作忙乱无头绪。就连公司的保洁工作，主任也交给我督促。

之前，有位阿姨保洁工作做得不好，说她几句，她还找理由顶嘴，主任很烦她，就把她炒掉了。之后，张姨应聘进了公司，负责保洁工作。她人矮，微胖，话不多，见人微微一笑，算是打招呼。

第一天上班，我带着张姨从一楼到五楼看了一遍，交代她所负责的卫生区域，就算完事了。第二天，张姨并不急于拿起扫把满楼扫、拿起抹布到处擦，而是从一楼到五楼又走了一遍，自己拿着个小本子，把一些问题记在了本子上。

几天以后，公司的卫生情况基本没有恶化，但是也没有什么起色。有时候，张姨在中午该打盹的时候打盹，我觉得她很懒，对她一脸的厌恶。不久，我向主任提出换人，主任

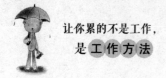

让你累的不是工作,
是**工作方法**

却说:"张姨干得不错啊,为什么要换?"

我说了一通张姨的坏话。主任对我说:"卫生搞得好不好,你要去现场检查一番才有发言权。"

我从楼下到楼上转了一圈,发现卫生搞得果然不差,厕所里没有异味,垃圾也少了,楼上楼下的扶手干干净净的。原来,这段时间张姨在不知不觉中把卫生搞得很好了。

我很诧异,张姨怎么这么快就把卫生搞得这么好呢?从此我注意起她来,发现原来她有一套自己的工作方法。

首先,张姨手里永远提着几块儿抹布,走到哪里就擦到哪里,比如说上下楼,上楼的时候她就擦右边的楼梯扶手,下楼的时候她就擦左边的楼梯扶手,一上一下,不经意就顺手把工作做了。

那么,哪个地方最脏呢?当然是厕所。

白天,张姨只是隔一段时间简单拖一下地,但每天下班前的一小时,她是最忙的——她要把所有的厕所认认真真地刷洗一遍,一点污渍都不留。所以,第二天厕所才没什么异味。

可见,重要的工作,她只需要一小时就够了。所以,她轻松快乐地把工作完成了。

做清洁工当然要捡点矿泉水瓶、易拉罐和纸盒等废物，拿去卖点小钱，张姨也不例外。但是，她从来不刻意去捡废品，只在打扫时见到有用的她才会整理一下。

所以，你很少看到张姨像其他清洁工那样只顾着捡废品，而尽管有时候她会捡，但是领导对此一点都不反感，因为她知道工作第一。

张姨一直在我们公司，中间也因家庭原因离开过几次，但是每一次只要她回来，公司的领导都会张开双臂欢迎她，并把临时清洁工安排到其他岗位上，让她继续做清洁工作。

那么，为什么公司这么重视一名清洁工呢？办公室主任说："张姨是我们公司的'御用清洁工'，无可替代啊。"

从张姨身上我也潜移默化地学到了不少东西。比如，做事的计划性、条理性，还有精专性。后来，办公室主任不再说我是个"没头没脑的苍蝇"了，他对我的工作也越来越满意。再后来，办公室主任高升后，我顺利坐上了他的位置。

职场中，不管从事什么工作，都不要让自己成为可有可无之人，而要把自己的本职工作做到极致，让自己成为公司的"御用"之人。哪怕仅仅是一名清洁工，也要让自己成为不可缺的御用者，这样，什么时候都会有自己的位置。

6. 老板都不喜欢"精明"人

朋友秦雯在一家私企上班，她每天早出晚归，兢兢业业，把公司当家一样看待。虽然她在那里已经工作了 5 年，但依然只是市场部的一个小头头。

我替秦雯感到不值，因为以她的能力可以去更好的公司发展，在那里算是屈才了。我劝她换一家公司，她说："不了，在哪儿都一样。再说，时间长了，对公司有感情。"

看秦雯一副满足的样子，我也替她高兴，反正这年头跳槽也有一定的风险。

前不久，秦雯在电话里跟我说公司要扩大市场部，要从同事中选一名经理，而她的机会最大。听到她欢快的声音，我不禁感慨：真是"傻人有傻福"，好运终于轮到她了！

可没过几天，她就来找我了，一副萎靡不振的样子。原来，被提拔的人不是她。不是她不要紧，最尴尬的是，老板最终提拔了她的一个下属！

下属一下升为上级也常见，但最难过的是，下属与她不和；下属与上级不和也是常见的，但最要命的是，下属还是老板的亲戚！

　　秦雯恨恨地说："以前真是瞎了眼，没看清这家公司的真面目，如今算是看清了！"

　　我很理解秦雯，但没办法安慰她，因为谁遇到这种情况心里也不好受，痛苦在所难免，只能靠自己慢慢去抚平伤口。

　　之后，听秦雯说，老板也找过她，告诉她有些事是无奈之举，并让她好好去做，不要灰心，公司还有更多的职位适合她。可秦雯因失望过度，根本没有听进老板的话，工作状态大不如前。对此，老板都看在眼里，当公司有了合适的岗位也没想过再提拔她。

　　又过了一段时间，秦雯觉得再这样下去没什么意思，就离开了公司。现在，她重新找了一份工作，但工作并不顺心，一切还要从头做起。

　　我为秦雯的遭遇感到惋惜，如果她能坚持下去，现状肯定会变好的。

　　在工作中，如果不知道身边同事的背景，一般都能相处得很好，而一旦发现同事的特殊身份，情况就不同了。比如，

第三辑　我不愿向这个功利的世界投降 ◇

第三辑　我不愿向这个功利的世界投降 ◇

对方是领导的亲戚，靠关系进来的，不干活却拿高薪水等。你在关注这些事时，心理就会不平衡，有怒气、有怨气，还泄气，甚至无端烦恼。

有些事你看不清时也许并不在意，受到的伤害也会小一些，而一旦突然"大彻大悟"，势必会很痛苦！秦雯之所以由从容转变为心理不平衡，就是源于她自认为很清醒，结果做了一件糊涂事。

仔细琢磨一下你会发现，在工作中"糊涂"一点，乐趣更多，同时也会发现公司积极的一面。比如，公司领导虽然苛刻，但是工资、待遇不错；平时工作很忙，但周末不用加班；公司的伙食不好，但是不用自己出钱；下班有免费巴士，不用挤公交车和地铁……

其实，每份工作都有吸引人的地方。离职一走了之是简单，可留下来并努力工作才最需要勇气。因此，在职场中，很多事要看透，但不要看破；清醒，偶尔也要糊涂一下。

这是职场人有效保护自己不受伤害的法则。

7. 同事对你扔石头，你送同事金子

在职场混久了，原以为初入职场的不顺会随着经验的积累而得心应手，然而工作时间越久，遇到的事情就越发不如原来设想的那般好，不顺心的事也会越来越多。

每天放眼办公室，多数人没有笑脸，都在埋头做事，死气沉沉的。有时，同事之间的关系紧张得像即将喷发的火山。于是，你渐渐失去了热情，心灰意冷。

一天，公司新入职了一个同事叫小晨，他像我刚来时一样，每天都乐呵呵的，跟谁都打招呼，为人处世单纯得像个孩子。

我想，过不了多久，他就笑不起来了，因为他只知道水有多美，却不知道水有多深；他只看见天有多蓝，却不知道天会变脸！然而，半年过去了，小晨竟能在职场丛林中游刃有余，这让我大跌眼镜。因为，办公室的同事都喜欢跟他

说话、喜欢跟他共事。假如有一天他不在，办公室就缺少了欢笑。

我也很喜欢跟小晨接触，可我们两个人站在一起，很快我就发现他一身朝气，我则死气沉沉。偶尔我们出去喝几杯小酒，似醉非醉之间，我才敢敞开心扉说一些职场的"不如意"。小晨笑而不答，给我讲了一个算是老掉牙的故事。

那个故事是这样的：很久以前，有两户穷人家，一家姓李，一家姓齐。两家原本是很好的邻居，只有一墙之隔，后来，因为一点小事两家人发生了争吵，互不往来。

有一次，齐家的小儿子气愤不过，往李家扔了一块石头，刚巧把李家的一只鸡砸死了。在那年头，鸡可算是"宝贝"，于是，李家气愤不过，准备往齐家扔一块更大的石头。

这时，李家外出求学的儿子归来了。在知道事情的来龙去脉以后，他笑呵呵地把一袋金灿灿的东西送给齐家，并说这是昨天从他们家墙上掉下来的，现在送还给他们。

齐家见了那袋金灿灿的东西，很是惭愧，晚上又把其中半袋金灿灿的东西送回到李家。自此，两家和好如初。

对于这个故事，我嗤之以鼻。齐家的儿子扔了石头过来，李家的儿子却送了金子过去，后者傻不傻？那齐家也真贪婪，那袋东西明明不是他家的，还要留下半袋。我问小晨："那袋金灿灿的东西是不是金子？"他认真地说："比金子还要宝贵。"

我以为小晨在杜撰故事，逗人开心。但他一本正经地说，这是真事，故事中李家的儿子就是他爷爷。我很惊讶，问："那时候你爷爷是从哪儿弄来一袋金子的？"

小晨告诉我："那袋金灿灿的东西不是金子，而是小米。"所以，齐家留下那半袋金灿灿的小米，也就是留下了李家真诚的人心。

于是，我那颗浮躁的心顿时安静了下来。仔细想想办公室那些看似你死我活的争斗，其实都是些鸡毛蒜皮般的误会引起的。第一次误会，让人心里不爽；第二次误会，让人心里像绳子一样结了疙瘩；第三次误会，往往就会让人"火山爆发"！

误会就是那飞来飞去的石头，你来我往的容易互伤！那些你的假想敌，其实与你一样，都只是办公室里的普通同事。

在办公室里遇到了假想敌，你该怎么办？不妨送一份小礼物，或是给对方一个善意的微笑。久而久之，你送去的尊重和热情会在对方心里扎根，长大后会结出感动和谅解的果实来。

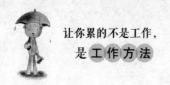

8. 跟糟糕的状态说"拜拜"

在公司里，我素有"小超人"之称。比如公司多年的烂账，同事们拿不下的客户，我基本上都能一一解决。

一次，在公司的例会上，老板对大家说："现在公司有一笔几万元的货款收不上来，谁能收上来，奖励 5000 元。"

当别人犹豫不决时，我自告奋勇地说："让我来做吧，保证完成任务。"

老板见又是我，沉默了一会对我说："这个事情让别人去或许更合适。"

我听了不太高兴，问："老板，您觉得我拿不下来这事，还是我应该把这个机会让给别人？"

老板想了一会，说："好，那你就去试试吧。"

我觉得收几万元的货款不是什么难事。刚开始，我用"情"慢慢感化对方，可行不通；接着我来横的，对方"摆烂"，我也没招；最后我死缠滥打，对方也不着急。

我想了很多办法，然而收效甚微。

一次，对方对我据实相告："不是我不给钱，而是我们公司账户里根本没钱了。你要去法院告我也行，反正我们公司已经申请破产了，你可以走法律程序。不过，厂房拍卖了也没多少钱，而且，那些钱法院会优先用来支付员工工资。"

我一听，这个老板还挺懂法，但他又"赖法"，真让人头痛。

折腾了几个月，货款还是没有拿回来，我开始狂躁起来。因为，这笔款收不回来不仅我没面子，还会打破自己在公司多年来100%的回款纪录。

从此，在工作中我开始无缘无故地对下属发脾气，对老板交代的事也心不在焉，对客户也不再真心相待，以致下有抱怨、上有不满，客户投诉不断。

事情一直没有进展，我感到糟糕透顶了。

怎么办呢？清醒的时候我也想过放弃，也许放弃是唯一能解决现在糟糕状态的办法。不清醒的时候，甚至有几次我还想自己拿出几万元当作收回的货款，事后自己都觉得这个想法很可笑。

在不知不觉的折磨中，我的头发突然白了一些。

　　有一天，我终于被这件糟糕的事折磨倒了。在医院躺了
3天，公司不断有人来看我。我问起公司的情况，他们都说
挺好的不用担心，可以放心养病。

　　静静地躺在病床上，我终于想明白了：没有那几万元的
货款，公司也不会损失什么；没有我，公司也会照常运转。
我也想到了在前公司遭遇的那种"跳不跳槽"的糟糕状态，
多亏那时候快刀斩乱麻辞了职，才来到这家公司。

　　想通了，我发现自己的病也好了很多。回到公司，我找
到老板说："老板，追款的事我完不成了，我决定放弃。"

　　老板拍拍我的肩头，说："没事，放弃也不丢人。"

　　我说："虽然我放弃了，但总觉得有点可惜。"

　　老板说："不瞒你说，这笔款我亲自催了半年，一无所
获。那时我就知道这笔款可能要黄了，可我还是不死心，在
会上说出这事，没想到你主动请缨去做，最后不但货款没收
回来，反而给你带来了烦恼。我本想早点找你谈谈，但我知
道你做事很拼命，也很固执，除非你自己想通了。

　　"其实，遇到难题不退缩是好事，但当你知道自己没办
法完成或者需要付出很大的代价时，就该结束。这个世界并
不是你努力就能有所收获，果断结束糟糕的事情也是一种
本领。"

老板的一番话让我深受鼓舞，心情大好。

是的，无论在生活中还是工作中，开始做一件事情很容易，但要结束一件特别糟糕的事情却很难。然而，不赶快结束糟糕的事情，依然为它所困，你就不会有一份美好的心情，就不会有下一个顺利的开始。

9. 办公室的"开心法则"

在职场中，我们总会遇到很多烦恼。其实，很多烦恼都是我们自找的，换个角度思考问题，你就会变得愉快起来。这主要体现在以下几方面：

（1）做好你的本职工作。

办公室的生存法则，就是做好你的本职工作。办公室里所有的人际关系，都是在工作基础上产生的；工作做不好，麻烦就会出现。

做好你的本职工作，才是让各方面工作关系为你服务的

资本。因为，工作做到精益求精，上司才会满意；工作做到位，下属才会敬佩你，同事才会支持你。

所以，做好本职工作，才是你开心工作的第一大法则！

（2）放过你的下属。

每个领导都有过这样的烦恼：下属在工作中经常出现失误，而且他们屡教不改，甚至跟你唱反调。这会让你火冒三丈，浑身不舒服，就总想找个机会教训一下他们，让他们知道你的厉害。

如果把这种想法付诸行动，虽然能让你解气，但是赶走一个"有刺"的下属，或许明天你就会招进一个穿着"防护甲"的下属。

因此，你不可能要求每个下属都让你满意，虽然他们不能像上司一样直接提拔你，却是帮你做事的人——只有当下属把工作做得出色，你的工作才能增色。

放过你的下属吧，在适当的时候给予他们关心和帮助才是明智之举。就算你不能改变下属，不能帮助他们，起码要让他们认为：你是一个不错的上司。

（3）赞美你的同事。

同事就是与你共同做事的人。工作中，他们是与你接触最密切的人。换一种说法，就是抬头不见低头见。因此，与同事搞好关系很重要。

职场中，与同事相处，最好的办法就是赞美他，让他感觉你认同他、欣赏他，久而久之你们的关系就会变得更加融洽。

（4）欣赏你的上司。

职场中人都知道，上司并不是来欣赏你的，大多时候是来烦你的。职场中你最讨厌的不是同事，而是上司。上司的行为你可能会不认同，甚至鄙视、厌恶，但是，上司就是上司，这是无法改变的事实。

如果换个角度，用欣赏的眼光去看上司，他在你眼中的形象就会好起来，你的心情也会随之改变。比如，如果你眼中的上司是一只"纸老虎"，那么，你认真想一下："纸老虎"要是变成真老虎，自己的状况会更惨吧？而如果你眼中的上司是一块"丑石"，从侧面看他就会像一座假山，值得欣赏。

职场中，不只是好上司才能让你如鱼得水，坏上司也能使你茁壮成长。如果说好上司是"润滑油"，那么，坏上司则是"磨刀石"，应对得当能让你"磨石成金"。

让你累的不是工作，
是**工作方法**

其实，在坏上司手下做事，只要用心，就会受益匪浅！接下来，我们分析一下他们的性格，大体有以下几种类型：

①嫉妒型上司。

陈旭对上司的提拔很是感激，常常以拼命工作的态度来感谢上司的知遇之恩。但上司对此并不领情，常常给他脸色看。他以为自己的工作还没做到位，于是更加勤奋了。

"你再勤奋，你的上司也不喜欢你啊。你以为是上司提拔你的吗？其实是副总亲自提拔你的！"

同事小王提醒陈旭，但他还是有点不明白。

小王又点拨他说："上司那是嫉妒你呀，你越努力，他就越会觉得你想取代他的位置。"

陈旭这才恍然大悟。

你的某些本领或者特长会令你的上司不安，或者让他感到威胁，他通常就会刁难你，给你脸色看。其实，这时候你要高兴，而不是烦恼。因为，上司嫉妒你，说明你的能力强——他总不会嫉妒一无是处的人吧？

嫉妒型上司是你的竞争对手，在跟他过招时，你不能谦让或者后退；而要学会与之你追我赶，并驾齐驱，那样会使你在"栽跟头"中学会成长，让你在软弱中变坚强！

②无能型上司。

张茜的上司是隔行来的"空降兵"，没有专业水平。

"这种人也配当领导？"张茜心里很不服气，偶尔会跟上司顶嘴。但上司并不计较，有时候还夸她工作做得好，只有在这时她心里才会舒坦一点。

对于这种上司，也许你会不屑一顾，但他是你的上司是事实——既然是上司，他肯定有你没有的能耐。这种能耐可能是你所不具备的"眼尖""嘴巧""手快"等，也可能是品德、才华之外的好人脉。

无能型上司心眼不坏，他很关注员工的工作能力，因为你只有取得好业绩，他才有资本做好领导。在这种上司手下工作，你可以不欣赏他的能力，但不能失去锻炼自己的机会。

③善变型上司。

易茹的上司是个典型的变色龙，上午说过的事，下午就决定不做了；下午订下的方案，半夜打电话跟她说还要修改。这让易茹整天都紧张兮兮的，周末也不能睡个安稳觉。

易茹觉得上司一点都不爽快，总是折腾人。不过，她是个喜欢思考的人，她感到上司的每一次"变"，让工作成效都比之前好。渐渐地，她喜欢上了这个善变的上司。

在职场中，有两种善变的上司：一种是精益求精的上司，他们对事情的要求尽善尽美，所以才善变；一种是犹豫

第三辑 \ 我不愿向这个功利的世界投降 ◇

>>> 127 <<<

不决、没有魄力的上司，他们遇事拿不定主意或下不了决心，所以才善变。

因此，我们要区别对待，特别是第一种上司，要善于学习他们的长处。因为善变型上司折腾你到"要命"的同时，也会锻炼你的思考能力和处事能力。

④无德型上司。

贾言的上司有点贪，逢年过节客户托他转送给员工的礼物，他都要截留一点。而且，他对公司的高层领导阿谀奉承，对下属则比较苛刻。

贾言觉得在这种人手下做事很窝囊，为此很不服气。但是，贾言只能把不快放在一边，默默地把工作做好。每当挺过上司的责骂和无理的批评后，他就感觉自己的耐性又增强了一些。

遇到无德型上司固然是一件不幸的事，但不能贸然与之作对。唯一的解决办法就是让自己的工作不出错，甚至更出色。

把工作做好，任何人都很难找你的麻烦，这也是面对无德型上司最好的"武器"。在无德型上司手下做事，磨炼的是你的耐性，能让你在浮躁中学会安静，在不屑中学会自在独行。

10. 借鉴大牛的成功经验

猪和牛一同被虎老板招进公司。猪聪明，牛勤劳，勤劳+聪明，绝配!

猪和牛被分配到同一个部门工作，刚开始，它们合作得很愉快，业绩都非常好。可是，它们的职场命运在半年后发生了改变。这究竟是怎么回事呢?

（1）偷懒 VS 使劲干。

一天，虎老板给猪和牛增加了任务。这时，猪有点不愿意干，它说："牛哥，我感冒了，不舒服。"牛说："那你就去休息一下吧，这儿有我呢。"

猪就找了个地方去睡觉了。等它一觉醒来，牛已经把活干完了。打这以后，猪就经常找借口不干活。

牛知道猪经常偷懒，刚开始的时候心里也有不满，但是它想：我没有猪聪明，我就得使劲干，那样才能赶得上猪。

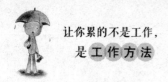
年终，牛被公司评为优秀员工，戴上了大红花。对此，猪很是嫉妒。

很多人都与故事中的猪有同一个毛病：人很聪明，但是不勤奋。大家都喜欢勤快的人，讨厌偷懒耍滑的人。要想得到上级、同事的认同，就要记住一句话：别人偷懒时，我更要使劲干！

（2）升职 VS 升值。

猪的确很聪明，它知道总偷懒耍滑不行，还得"巧干"。每次跟牛一起工作，它总挑轻松的活干，把累活都留给牛。牛不仅没怨言，还傻呵呵地说："没事，我一定能做好。"

每次看到牛加班加点、劳心费力了，还被虎老板训斥，猪就在心里笑话牛很傻。但一年后，虎老板让牛当了主管。

猪不服气，去问虎老板原因。虎老板说："虽然牛不聪明，但是它不怕困难，经过一年的锻炼，它能解决很多难题了。你别眼红牛升了职，关键是人家自身有价值，你行吗？"

猪听后哑口无言。

很多职场中人都愿意做轻松的工作，想方设法逃避累的、难的工作。可是，当你习惯做轻松的工作后，你就会越来越懒惰，失去面对困难的勇气，错过锻炼解决问题的能力。

只有把"难事"做好了，你才能手握升值加薪的资本。当看到别人升职的时候，你更要看到别人的"升值"。

（3）骗自己 VS 骗老板。

牛当了主管以后，猪很不服气，不愿意接受管理，就向虎老板申请调岗。虎老板考虑了一下，同意了，让它跟毛驴一起工作。

猪跟毛驴一见面，就开始互相抱怨——它们都对现在的工作不满。

一次，牛安排猪和毛驴把虎老板打赏的战利品分给其他伙伴。

"不如我们多留一点自己享用吧。"猪和毛驴动了私心，它们截留了一部分战利品。

从那以后，它们总是私留公司的东西给自己享用。不久，狐狸向虎老板揭发了猪和毛驴的所作所为。虎老板一发威，解聘了猪和毛驴，它们这才后悔了。

很多职场中人不是没能力，而是在遭遇难题、被老板批评后，觉得老板不公平，便自暴自弃，甚至跟老板对着干。你不要以为老板不知道情况，其实老板的眼最尖——骗谁也别骗老板，否则你会输得很惨！

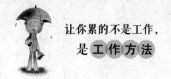

人在职场，只有像牛一样勤劳，才能成为一个"牛人"。

11. 因为 + 所以 = ?

前段时间，杨明被一家公司录用了，担任运营总监一职。但是，这家公司的业绩一般，管理也比较乱，为此，杨明召开了一次各部门的协调会议，了解了各部门目前存在的问题。

业务部负责人指出，客户投诉公司产品在交货期和品质上屡屡出问题。

生产部负责人很冤枉地说："因为运输部和 PMC 部在前期耽误了时间，所以生产周期缩短，导致工人们加班加点。但由于人手不够，加上工作疲惫，所以导致产品质量出了问题，交货期也受到影响。"

运输部负责人则无辜地说："由于我们的车辆老旧，所以经常在路上出问题，在运输上耽误时间。我跟公司反映过好多次了，没有人重视，也没有人处理。"

PMC 部负责人则无奈地说："我们每天都在加班加点

催物料到位，但是供应商不够配合，所以不是我们不努力，而是供应商不作为——我们公司应该找他们去协调。"

各部门负责人都表示自己尽心尽力了，只是因为"他"或"他们"的问题，所以不关"我"事。面对各部门负责人的说法，杨明很不高兴，对他们说："因为＋所以＝0！"会议不欢而散。

会后，杨明在总经理面前抱怨说："各部门负责人开会总是说'因为＋所以'，为自己找借口，把事情说得顺理成章。他们不知道'因为＋所以＝0'吗？"

总经理思考了一下，说："杨明，你可不可以让他们做到'因为＋所以＝100'，甚至更高呢？"

杨明想了想，说："我去试试看。"

再次召开各部门协调会时，杨明首先说："我们今天的会议，就是再次说说'因为＋所以'。"

各部门负责人看着杨明，很是不解。

杨明先对 PMC 部负责人说："因为我们的供应商参差不齐，所以我们要先解决这个问题，你有什么好办法？"

PMC 部负责人想了想，说："首先，要统计出质量有问题、交货不准时的供应商，给予相应的知会和警告。其次，

我们必须重新找其他供应商做预备。再次，增加部分现金或预付金采购，提高供应商的积极性。"

杨明点头称赞，接着对运输部负责人说："因为公司的车辆老旧，所以我们也要解决，你有什么好办法确保运输及时、顺畅吗？"

运输部负责人说："车辆要定期保养，并且该修的地方一定要彻底修好，还要做好更换车辆的准备。"

杨明说这个提议好，之后又问生产部负责人："前面的问题已经解决了，所以生产周期应该没问题了吧？"

生产部负责人说："没问题！前面的问题得到解决后，我们会保证产品质量，并准时出货。"

这次会议之后，大家都明白问题出在哪里了，日后工作效率有了很大幅度的提高。

在工作中，"因为＋所以"有时候是借口，有时候是方法。找借口的，"因为＋所以"只能＝0，甚至是负数；找方法的，"因为＋所以"＝100，甚至大于100！

第四辑　最短的时间解决最痛的难题

　　当你领悟了"五指经"的真谛，在职场中你做起工作来会如手指一样伸缩自如：伸开手掌是一种柔软，握紧拳头是一种力量！

1. 别人怼你不要紧，你要学会说"没关系"

我见过很多大老板，觉得有些老板无非就是钱多。然而，我的老板是个例外，他是我非常尊敬的一个人。说起他的成功之道，虽然他没给我讲过他的奋斗史，却给我讲过一个故事。

他少时调皮任性，不仅翻墙爬树，还欺负小伙伴。他犯的错，总是由母亲来承担——母亲今天给这家道歉，明天给那家赔钱。为他犯的错，母亲一次次跟人家说"对不起"，直到人家叹一声"没关系啦"，母亲才如释重负。

有时候，他惹的祸不仅是道歉、赔钱这么简单，但母亲总是会想尽办法为他化解。每当母亲疲惫地回来，他还学母亲跟人家道歉的样子说："对不起。"可母亲对他从来不责罚，只是淡淡地说："没关系啦，知错能改就是好孩子。"

上中学时，他还是那么不懂事，逃课、打架、早恋，没让母亲安生过。这种状况一直持续到他高中毕业，而因为高考落榜，他不愿复读，准备去南方打工。

当他收拾行囊即将离开家的时候，母亲在门口叫住他说："儿子啊，从今天开始，你不能再说'对不起'了——'对不起'只能对父母说，不能对其他人说。以后你要多说'没关系'，只有学会了说'没关系'，你才会长大。"

母亲的话让他的心隐隐作痛，他不禁泪流满面。这么多年来，母亲的一句"对不起"让他在闯了祸后显得那么轻松；而一句"没关系"则又让母亲承受了多少伤痛，他一下子全明白了。

在打工的日子里，只要同事叫他做什么，哪怕是捉弄他，他都会去做。他的真诚和勤快渐渐赢得了别人的好感，而当那些捉弄他的人跟他说"对不起"时，他总会大度地说"没关系"。

几年以后，他从普通员工做到了部门经理。作为一个部门的负责人，他不强势，对下属很客气，也因为大家团结一致，他所在的部门为公司创造了非常好的效益。

一次表彰大会上，老板让他分享一下经验。他说："当你的下属犯了错，你什么也不用做，就拍拍他的肩头说一句'没关系'，其余的由我来承担就行了。"他的一句"没关

系"赢得了满堂彩！

是的，那句"没关系"是多么具有包容精神，让他的下属既有压力又有动力，所以，之后谁都会想把损失弥补回来。

再后来，他自己开了一家公司。刚起步的时候很难，很多人瞧不起他甚至诋毁他。他不仅对自己说"没关系"，也对那些伤害过他的人说"没关系"。由于他不计较，那些伤害过他的人也渐渐成了他的合作伙伴和朋友。

他还跟我说了很多关于"对不起"和"没关系"的金玉良言，比如说一句"对不起"，会让自己的心灵多一份内疚和沉重；而说一句"没关系"，则会多一份快乐和轻松。

"对不起"只能对一个人说一两次，说多了不仅得不到对方的原谅，而且会让人失望；而"没关系"对一个人说多少遍也可以。

无论在生活中还是在工作中，你要少说"对不起"，多说"没关系"，这就是成功之道！

2. 职场"五指经"

在职场中，每个人都要全力拼搏，也要不断地打磨。如果把职场的每个成长阶段比喻成手掌的 5 根手指头，那么，念好这"五指经"，你就能在职场中收放自如，潇洒从容。

（1）甘当"粪工"的小手指。

初入职场，你可能什么都不懂。最开始的时候，你可能就是一个闲人，没有被安排在重要岗位，不被人重视；或者是被上司、同事安排一大堆工作；但只是一些杂活，没有含金量。

此时，你不甘心但又无可奈何，常常闷闷不乐。

在这个阶段，与其自己苦恼，不如让他人快乐。在工作中，你的角色也许就是小手指，要经常充当"粪工"——做掏耳屎、挖鼻孔的工作，虽然你不情愿，但是会让他人舒服。

初入职场，无论你是何种角色都不要计较太多，而站稳

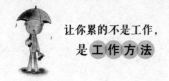
脚跟才是发展的根本！如果一到公司，你就是个"叉子"或"刀子"，棱角分明，锋利无比，谁还敢用你呢？

（2）默默无闻的无名指。

站稳脚跟并不等于得到认同，此时你羽翼未丰，还得先做个无名指。

这个阶段，在同事、上司的眼中，你还是一个无名小卒。在工作中，你并不突出，不被人关注，就像一棵小树，普通得无人知晓。

所以，要跨过"粪工"的阶段，你还得经历一个默默无闻的阶段。无论你是什么学历，无论曾经你多么优秀，在必要的时候都得统统"藏"起来。

只有默默地替同事做事，甚至有时还得背莫名的黑锅，你才可能在委屈中成长起来，才可能走得更远，才可能有出头之日。

不要小看无名指阶段的磨炼，当你默默无闻地完成积累和沉淀以后，机会就会出现在你眼前。因为，闪耀的钻戒最后多数是戴在无名指上的。

（3）独领风骚的中指。

人总有出头之日，当你完成积累和沉淀以后，是种子就会破土而出，是金子就会发光！苦尽甘来时，便是华丽转身时，你的职场生涯从此会走上一个高峰！

在这个阶段，你可以甩掉以前的低调，展现你曾经隐藏的才华。但这时候，切忌趾高气扬，不可一世，因为高处不胜寒。

（4）勇挑重担的食指。

食指是我们平时用得最多的手指，而职场上的"食指阶段"，是指最辛苦、最忙碌的阶段。

这时候，因为你为公司创造了财富和荣誉，或许就是你被公司升职加薪、委以重任的时候了。当然，风光过后，压力也会随之而来。

褪去外表耀眼的光环，你将进入一个枯燥、烦琐甚至孤独的时期。你由高调变得低调，你从前台走到幕后，但无可否认，你对公司的价值会越来越大。

（5）常伸你的大拇指。

当你一飞冲天，升为公司的高层领导或者自己做老板时，你的年龄和阅历就相应地增长了。然而，当你对下属竖

起那根大拇指时，它在下属眼中简直是一根魔棒，有一种奇妙的力量会让他们产生无穷的干劲。

当你领悟了"五指经"的真谛，在职场中你做起工作来会如手指一样伸缩自如，因为伸开手掌是一种柔软，握紧拳头是一种力量！

3. 精进，如何成为职场大咖

刘敏在一家文化公司做前台两年了，由于薪水不高，公司发展前景也一般，她深感苦恼。

有一次，碰到办公室主任，刘敏主动打招呼说："主任，我想去您的部门工作，有空岗位帮我留着啊。"

办公室主任问刘敏有什么才能，她说自己什么活都能干。

办公室主任开玩笑地说："办公室需要一个速记和打字每分钟达到 150 字以上的人，如果你能达到这个水平，就可以来找我啦。"

刘敏听了很无语，对她来说，这是很难能达到的高度，因为目前她的速记和打字速度每分钟才 60 个字。不过，既然办公室主任提出了这样的要求，她打算试一试，说不定调换部门会变成现实。

于是，刘敏买了相关教材，参加速记和打字培训。经过半年的努力，她的速记和电脑打字速度每分钟达到了 180 个字。

年底，办公室有一位行政助理辞职，刘敏再次向办公室主任毛遂自荐。办公室主任说："上次我说的速记、打字速度你能达到吗？能达到我就会考虑。"

刘敏马上给办公室主任演示了一番。

"小姑娘不错嘛，我说一句玩笑话你都能当真，真是'逆流而上'啊！"办公室主任对刘敏赞不绝口。不久，刘敏被调到办公室当了行政助理。

刘敏头脑清晰、做事有条理，把办公室的工作做得有声有色，深得办公室主任的信任，公司大大小小的会议都会由她负责记录。但是，时间一长，刘敏觉得办公室主任只是口头上表扬自己，并没有考虑给她加薪，心里开始有些不平衡。

跟办公室主任相处久了，刘敏还发觉他的能力并不强。一个能力不强的人总在自己面前指手画脚，让她感觉不爽。所以，她的工作态度发生了变化：从认真到敷衍，从落实到

抵触。

此后，公司每次开会，刘敏都会按照自己的方式做会议记录——如果自己认为重要的内容她就会认真记录，不重要的内容，就偷工减料地记录，甚至不做记录。

一次，办公室主任让她找上个月一次选题座谈会的会议记录，说他要核实编辑主管和发行主管是否参加了那次会议。

刘敏查了一下自己的记录本和电脑，发现那天她根本没有做记录。办公室主任很生气，批评了她几句。

刘敏说："那个会议就是部门之间的闲聊，根本不重要，不重要的内容记录下来干什么？"

办公室主任听到她这样说，生气地说："那你以后就不用做会议记录了。"

刘敏望着办公室主任的背影，嘟囔说："不记录就不记录了，有什么了不起的。"

过了几天，公司邀请了一批大客户和媒体参加新书座谈会。按道理来说，每次开会，刘敏是要过去做会议记录的，可她想到前几天办公室主任的那句"你以后就不用做会议记录了"就来气，所以，她决定不去了，除非办公室主任亲自来叫她。

同事张哲见刘敏不去做会议记录，就问她："会议就要开始了，你怎么还不去呢？"

刘敏说："主任说不用做会议记录了。"

"不可能吧，这么重要的会议哪能不做会议记录呢？"说完，张哲就拿起笔记本电脑去了座谈会会场。

办公室主任会后才发现，是张哲主动做了会议记录。他把刘敏叫到办公室，大发雷霆。刘敏理直气壮地说："上次是你不让我做会议记录的，不是我不去做的。"

办公室主任一听，鼻子都气歪了："刘敏啊刘敏，那次我说的是气话，你怎么能把气话当真话呢？现在又怎么能把这么重要的事当玩笑呢？这么重要的座谈会，你都不掂量掂量哪头轻哪头重啊？"

刘敏这才意识到问题的严重性，后悔不已。

职场中，员工"逆流而上"是一种积极向上的心态，而"借坡滑"是一种消极悲观的心态。如果一个员工不能领会领导的意图，这样既完不成目标，还有可能摔个大跟头，实在是得不偿失。

第四辑 / 最短的时间解决最痛的难题 ◇

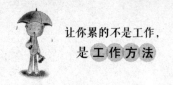

4. 做一只更厉害的职场丛林之鸟

俗话说，林子大了，什么鸟都有。在职场丛林中，我们何尝不像那一只只奔波忙碌的鸟呢？那么，他们又有哪几种类型呢？具体如下：

（1）麻雀型。

他们"叽叽喳喳"，声音喧噪，只要一有空，他们就跟同事聊八卦，天南地北地胡侃一通。他们警惕性也颇高，一有风吹草动即刻溜之大吉。职场中，此类人最为普遍，虽然他们不做损人利己的事，但也不会给人留下好印象。

建议：少用嘴巴说事，多用行动做事。

（2）鹦鹉型。

他们穿着艳丽，嘴巴乖巧，见人就叫，讨人喜欢。但是，他们没有主见，喜欢跟风，人云亦云，是同事、老板的"跟屁虫""传话筒"。职场中，此类人为鹦鹉学舌型，经常好心办坏事。

建议：少做跟屁虫，多做主心骨；少做传话筒，多做消音器。

（3）乌鸦型。

不说话的时候，他们很酷；但一开口，他们准没好事，人送绰号"乌鸦嘴"！他们常把自己装扮成君子，偶尔"推心置腹"，实则口是心非，颠倒黑白。职场中，此类人不多，但危害极大，需加强防范。

建议：多问候，少算计；虽改变不了本性，但至少可以"养性"。

（4）喜鹊型。

他们懂得人心，能攀上高枝。他们的喜事一来，人人皆知，但总有报喜不报忧的特点。职场中，此类人善于围绕上级领导做事，有重上轻下的心态。

建议：懂得让别人愉快，自己才能更开心。

（5）孔雀型。

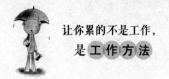
他们自恃小有姿色或本领，自我感觉良好，喜欢炫耀。职场中，此类人虚荣心强，孤芳自赏，不善合作。

建议：欣赏自我，赞美对方；愉悦自己，快乐他人。

（6）白鸽型。

他们心地善良，为人纯真质朴，总是会把温暖和欢乐带给同事。不管谁有烦心事，他们都会热心地去帮助解决。职场中，此类人最受欢迎，但往往容易被人利用，落入陷阱。

建议：别在该动脑子的时候动感情。

（7）啄木鸟型。

他们舌长，但不嚼舌头；喜做好事，但不抢功；虽受委屈，但不计较。因常戳人痛处，他们亦不讨人喜欢。职场中，此类人是老板的好帮手、同事的好诤友。

建议：事有曲直，人有长短；嘴硬舌软，可得美餐。

（8）寒号鸟型。

他们安于现状，不思进取；只顾眼前，不思长远；日复一日，得过且过。一旦遇到公司裁员，他们易成为最早被淘汰之人。职场中，此类人没有本领和特长，没有动力和梦想。

建议：检讨自己，多作对比；加强忧患意识，勤于抗压锻炼。

（9）布谷鸟型。

他们守时，是公司传达任务、落实工作的坚定执行者，常为完成公司任务而认真负责、不遗余力。职场中，此类人多是公司的老员工或基层干部，但他们知识不足，胆量不够，因此会失去向上发展的空间。

建议：认真＋灵活，勤奋＋学习。

5. 努力工作，是为了过一种可控的生活

甄立志在一家公司做销售总监，公司的同事都不叫他"甄总监"，而是习惯叫"老甄"，因为他确实显老，头发白了三分之一，额头有几条深深的皱纹——30 多岁的他，看上去有 50 岁了。

但老甄从来不在乎别人怎么说他，常以"白头"为傲：

"年纪显老，客户会觉得你成熟稳重。"

"年纪偏大，老婆对自己放心。"

直到有一天，老甄去幼儿园接女儿回家，幼儿园老师把女儿交给他时说了这样一句话："您孙女可乖了。"这让老甄差点晕倒！

老甄回家照了照镜子，发现镜中的自己不仅有很多白发，而且眼袋浮肿，身体虚胖，简直像个小老头。

老甄请了几天假，在家里好好休息了几天，浮肿的眼袋和黑眼圈这才没那么明显了。他又去理发店染了头发，换了一个新发型，穿上西服打上领带，整个人立刻精神焕发起来。

老婆、女儿见到老甄一愣，笑着说他打扮一下还是挺帅的。

在家休息的几天里，老甄给老婆、女儿变着花样做饭，一家人其乐融融。她们非常喜欢吃他做的牛肉面，女儿还说，以他的手艺，开一家面馆生意肯定会很好。

这句话点醒了老甄。

老甄以前过怕了穷日子，所以工作后特别努力，从一个小职员做到销售总监，也存下了不少积蓄，生活才有了起色。

再回头看看，虽然现在生活条件好了，但是他依然感觉不幸福，因为他没时间回老家探望年迈的父母，每天下班回到家，女儿都睡着了，周末也没时间陪老婆逛街。

老甄想通了，他想过另一种生活。回到公司后，他向老板递交了辞职信。他辞职的消息一经传出，公司上下一片哗然。因为，如果他不辞职，很可能会升到副总的位置。

同事问老甄："好好的，为什么要辞职？"

老甄说："过自己想要的生活。"

辞职后，经过一段时间的筹备，老甄在女儿所在的幼儿园对面，开了一家牛肉面馆。这样，他就能天天接女儿回家。

老甄的牛肉面做精不做糙，做贵不做便宜。汤是用木柴烧了几个小时的大骨汤，面是从自己老家运过来的，肉是大块儿牛肉，每一碗都是真材实料。虽然 20 元一碗，但吃过的人都说值。

就这样，老甄的牛肉面馆声名鹊起，生意很红火，来晚了的人都找不到座位。有朋友就建议老甄把门店扩大一下，那样一年少说也能赚个百八十万元的。

可老甄不愿意，他说："做生意跟过日子一样，要细水长流。你今年想赚 100 万元，明年就想赚 200 万元，等你赚到 200 万元，你就想赚 1000 万元！等到生意做大了，你就

身不由己，像个陀螺一样想停也停不下来了。我想要的生活就是想停就停下来，想转就转起来，那是一种可控的生活。"

放着有钱的生意不往大里做，很多人为老甄感到可惜。

老甄不仅不想扩大门面，而且还会在节假日里给自己放假，这让人更加不解。节假日来这里扑空的客人，看到老甄店门上的留言，都会感慨哪有这么做生意的。

不过，老甄并不在乎，他依然会在下一个节假日里贴出留言："今天是六一儿童节，一年只有一个儿童节，不能错过，我要陪女儿去儿童乐园玩喽。"

"今天是我和爱人 5 周年结婚纪念日，我们要去初识的地方约会，祝福我们吧。"

"今天是八月十五，我们一家人要回乡下陪父母，您有空也回父母身边陪他们几天吧。"

"尊贵的客人，请把您的名字登记在门口的小本子上，您下次来，我给您打 8 折……"

过一种可控的生活，挺好的！

6. 没有嗜好，也是缺点

有个年轻人去一家有名的广告公司应聘，他的综合能力很优秀，经过层层面试闯到了最后一关。而这一关面试他的人，是这家公司的老总。

老总问了年轻人一些专业问题，他对答如流，老总非常满意。然后，老总话锋一转，跟年轻人聊起了个人生活。老总问年轻人有什么爱好，他回答自己很喜欢读书，这也让老总非常满意。

老总又问他有什么嗜好，他想了想说："我不抽烟不喝酒，还真没什么特别的嗜好。"

老总听后脸色变暗了，说："你不适合这个职位。"

年轻人顿时傻眼了，不明白到底是怎么回事，于是问道："为什么不适合呢？"

老总说："你是来应聘什么职务的？"

年轻人恍然大悟，红着脸走出了老总的办公室。原来，

他是来应聘公关总监一职的。

在我们看来，人没有不良嗜好是优点，有抽烟喝酒等不良嗜好才是缺点。自然，有优点的人，有时更受欢迎。

其实，对个人来说，无不良嗜好是一种修身养性的品德，应予以肯定。然而，很多时候无不良嗜好也是一种"缺点"。因为，这样的人通常很难融入复杂的人际交往中，也就难以融入多样性的企业竞争中。

在为人处世上，他们通常是一种"水火不容""刀枪不入"的姿态，而且亲和力不够，多数处于孤立无援、寸步难行的状态。在某些工作上，他们反而不能很好地开展，进而打开局面。

人在职场，压力山大。拼命掩饰或清除本身的不良嗜好，反而会使自己越来越累。有时候，有点"不良嗜好"或给自己制造点"不良嗜好"，会让自己更从容潇洒，也会让别人更喜欢。

7. 谁是公司最需要的人

人在职场，能够站稳脚跟并不在于你自身有多优秀，而在于你的优秀是否为公司所需要。在公司里，通常最需要以下三种人：

（1）能做事的人。

刚进公司工作时，他只是市场部一名普通的业务员。当时，公司的经营正陷入困境，主打产品牙刷一直打不开市场，对此，他也非常着急。

有一次，当使用本公司生产的牙刷导致牙龈再次被磨出血后，他发现：牙龈被磨出血并不是他刷牙不小心，而是牙刷的质量不好。

他本想上班后跟技术部有关人员发一发牢骚，可是想到技术部的同事应该也想解决这个问题，只是暂时还没有找到解决办法。他想，这说不定是发挥自己才干的好机会呢！

从那以后，他就跟几个同事一起研究如何防止牙龈出血的问题。他们提出了好几种解决方案，比如改变牙刷造型、质地等，结果都不理想。但是，他没有就此放弃。一天，他把牙刷放到显微镜下观察，发现经机器切割的牙刷毛的顶端是锐利的直角，这无疑是造成牙龈出血的根本原因。

有了这一发现，他立即向领导建议将牙刷毛的顶端改成圆形。果然，经改进后的牙刷在市场上十分畅销。接着，公司的运营逐渐好转，不久便走出困境。

他就是狮王牙刷董事长加藤信三，这是他在基层工作时的一个故事。

职场中，很多人常有不屑一顾的态度："做事，谁不会？"事实上，他们只是在被动地做事，而职场中最不缺的就是这种职员。

加藤信三的故事告诉我们：在企业发展最困难的时候，通常最需要能在关键时刻站出来的人。这种人不仅能解决问题，还能创造佳绩。试问：那些会做事又能解决问题，还能为公司创造效益的职员，哪个企业不需要呢？

在职场中，努力成为一个"会做事"的人，不愁没人欣赏。

（2）能带兵的人。

柳明和吴鹏同时到一家工厂去应聘车间主任，厂长经过面试后，觉得他们的水平不相上下，难以割舍，于是就把他们一起聘用了。

柳明被分配到一车间当组长，吴鹏被分配到二车间当组长。厂长说，在这一年之内，谁做得好，谁以后就做这两个车间的主任。

在工作中，柳明不仅非常勤奋，而且也善于给自己充电，一年下来他拿了很多资格证。对此，他很有信心晋升为车间主任。然而，一年过后，晋升为车间主任的却是吴鹏。

柳明有些不解，他就去找厂长理论："为什么我这么努力，你却让吴鹏做了车间主任？"

厂长很平静地说："在这一年里，我知道你善于充电，也拿了很多有用的资格证书，这只证明你的个人能力有所提高，但并不代表你的管理能力得到了提高，因为这一年你所管理的一车间，没有业绩上的提升。"

厂长顿了顿，接着说："相反，吴鹏用一年的时间为工厂培养了 5 名骨干员工，这说明他在管理方面的表现很出色。一个好的管理者不仅要自己会'打仗'，他的下属也要会'打仗'啊！"

厂长一番话说得柳明无语了。

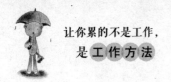
现在的公司都重视团队的力量和团队的建设，单打独斗是行不通的。一个做到中层的员工，不仅个人要优秀，还要让下属也变得优秀，这样，遇到困难时，大家才能够渡过难关。你把下属也培养成了人才，最能体现你的价值。

在职场中，努力成为一个会"带兵打仗"的人，升职加薪才会有指望！

（3）能审时度势的人。

王云是公司的办公室主任，负责行政工作。李飞是公司的人力资源部经理，负责人事工作。

同样是老板的左膀右臂，但老板并不喜欢李飞。虽然李飞做事干脆利落，可他雷厉风行的强硬态度遭到很多员工的投诉，老板常常要在中间协调，浪费了不少时间和精力，为此感到很头疼。

而王云一般会把日常工作交给下属去做，平时则喜欢翻阅一些人力资源、法律等方面的书籍，工作看似很清闲。

一次开会，老板总结了公司半年内的经营状况，说现在人工成本上涨，管理成本加大，已经影响了公司的利润，准备撤掉一个最不赚钱的部门。

而老板征求李飞和王云的意见时，李飞认为老板的决断是正确的。

王云深思过后，说："一个部门不赚钱的原因有很多，但多出在内部管理上。我认为公司现在的奖罚机制、权责问题做得都不够好，需要改进和完善。另外，解聘不仅打击了全体员工的士气，会造成人心动荡，还需赔偿员工一大笔费用，而这笔费用差不多是我们公司3个月的利润，得不偿失。如果我们把决定权交给部门负责人，让他们自己去裁决，或许效果会不一样。"

老板听后深受启发，于是取消了撤掉一个部门的计划。这件事传遍了全公司，每个部门的负责人和员工都非常重视，上下一心找问题，解决问题，不到半年，公司就扭亏为盈了。

为此，老板重奖了王云，并提拔他为公司执行总监。每逢公司有大事或急事，老板都喜欢把王云叫过去做参谋。

不可否认，老板也不是完人，面对瞬息万变、竞争激烈的时代环境，他们也会有困惑、拿不定主意的时候，甚至会做出一些错误的决定。

在公司里，作为中高层员工，他们的角色不仅在于会做事、会"带兵打仗"，更多的要像老板一样全盘考虑问题，

提出利于公司发展的建设性的战略和战术，能够为公司创造较好的经济效益。

有时候，你给老板一个善意的提醒，一个看似不起眼的构思，都会让老板茅塞顿开。当你助老板一臂之力的时候，也就成了他的左膀右臂！

在公司里，努力成为一个有头脑的员工，不愁没前途。

8. 五种如鱼得水的职场中人

很多人都说"职场如战场"，我个人认为，"职场如商场"的说法更为贴切。因为，职场不是战场上那种敌我的较量，更多体现的是竞争的智慧。那么，职场中哪些人最能如鱼得水呢？

（1）活气、灵气之人。

职场中，领导经常称呼这样一些人：不点不通叫"傻气"；点一下通一下叫"生气"；点而不通叫"晦气"；一点就通叫"活气";不点自通叫"灵气"。

可见，在职场中，我们追求的最高境界是要让自己有活气、灵气，只不过那并不是每个人都具备的。但是，只要稍加努力，我们就能摆脱"傻气""生气""晦气"等标签。

所以，职场中最起码也得让自己做个活气之人，那不需要天赋，只要你用心就可以做到。

（2）嘴甜舌巧之人。

职场中，我们会发现一个有趣的现象：不善言谈的人，多数是公司的普通职员；嘴巴很甜的人，多数是公司的中低层管理者；而那些能说会道的人，多数是公司的中高层领导。

是的，能成为公司中重要的一员，成功的原因当然有很多，但"嘴巴不甜，不会说话"是我们走向成功的一个障碍。

我们读过很多关于"三寸不烂之舌"的典故，知道唇舌的威力。在职场中，人与人之间的关系微妙，好事或坏事通常是从嘴巴和舌头开始的。比如，开心时，通常我们会"大嘴巴"，遭遇不公时通常会"嚼舌根"。

其实，"良言一句三冬暖"，职场中人都喜欢听甜言蜜语。平时不妨对同事、领导嘴巴甜一点，舌头巧一点；多一句问候，多一点关心，或许就能使本就良好的人际关系锦上

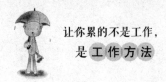

添花；还可能成为同事和领导眼中的焦点。

（3）眼疾手快之人。

眼为心灵之窗户，手为行动之利器。

每个公司都可能存在问题，一旦发现问题，就需要及时解决。但是，很多职员很懒，认为一些事情与自己无关，就算看到了也不愿动手去做。时间一长，他们就养成了办事拖拉的习惯。等到问题爆发出来的时候，不仅给公司造成了损失，还错失了表现自己的良机。

试想：一个眼高手低、对身边出现的各种问题视而不见的职员，怎能得到同事的尊敬、领导的认可呢？而聪明的职场人，通常会感谢那些懒人给了他们施展才华的机会。所以，只要你工作一天，"眼里要有物，手里要有活"。

（4）狡而不猾之人。

现实中，一个人太狡猾了没人信任，一个人太老实了又会被人说成"蠢"。职场中也是如此。

老板通常会把老实人放在身边，虽然会让他们负责重要的工作，但是他们的可塑性不大，所以被重用的机会也不大；而狡猾的人虽然能为公司创造财富，但是老板在高兴和欣赏之余也会对他们加以提防。

所以，能为公司赚钱又能让人放心的人，才是老板最满意的员工！

（5）健而善忘之人。

人在江湖，身不由己。职场中，有谁能真正顺心如意呢？有谁不会受到同事的抱怨、上级的批评呢？

鱼只有7秒钟的记忆，过了7秒就会忘记以前的事情。虽然我们不能像鱼一样"健忘"，但如果只记得痛苦、抱怨，那你可能就会被炒鱿鱼。

有时候像鱼一样适时地"健忘"，甩掉沉重的包袱，也是一件好事。

9. 千万别让大公司害了你

为什么人们都想去大公司呢？你也许会不假思索地说："工资高，福利好，机会多。"可是，你是否这样认真想过：

大公司真的适合你吗？大公司会敞开怀抱接纳你吗？即便你顺利进入大公司，日后就能一帆风顺吗？

多情总被无情恼，大公司固然有它的好处，但也有冷酷无情的一面。这主要体现在以下几方面：

（1）不会英文。

在外资、中外合资的大公司里，多数职员都会说英文。从一般职员到公司总裁，他们都会有一个英文名字，见面都要"English"一番。如果你没有英文名，公司的 HR 都会让你取一个，否则你会显得很 Out。

还有，公司会有不少外国客户，在工作中你需要跟外国人沟通。而且，很多文件都是英文的，你得会翻译，仅凭"在线翻译"是行不通的。同事之间或者上司之间偶尔会用英语沟通，你要能听得懂，否则很尴尬！

如果你不懂英文，最好别去这种公司，因为去了也很难留得下。

如果你已经在这样的大公司工作了，可是你英文很不好，最好尽快另谋出路，因为你不够资本，待久了也没出头之日。除非你的英文水平经过提高，能达到公司的要求。

（2）学历不高。

在大公司里，学历很重要，而学历不高是一种硬伤。所以，学历不仅是一块敲门砖，而且是你升职加薪的垫脚砖。

大公司首先重视学历，其次是能力，大家一入职就会被学历分成"三六九等"；高学历和低学历的员工，对应的职位也不一样，福利、待遇也会不一样。如果学历相同，还要分名牌大学和普通大学，前者不仅比后者的基本工资高，而且其他福利也会好很多。

在大公司里，通常是学历站着，能力躺着。如果你天生爱嫉妒、爱发牢骚，时间久了会得"红眼病""泄气病"！

（3）冷暴力。

很多人觉得大公司就像参天大树，在大公司工作要比小公司里更优越。然而，你有没有想过，实际上你只是这棵大树上的一个小枝杈或者一片树叶。

你在大公司里可能时常会有这种感觉：多你一个不多，少你一个不少。你就像一台机器上的一个小零件，虽然不停地努力旋转，可上司只重视、关心主要部件；因为小零件可随时换，若换大部件则会伤筋动骨。

你的离职有时会变得不值一提，你的付出在你看来是累

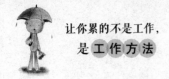

死累活，在老板看来只不过是做了应该做的事情。

向往大公司的人是因为不知道它的冷漠——不热心、升职加薪慢，这些"冷暴力"会让你非常郁闷！所以，你要学会沉淀。

（4）压力山大。

好工作、好待遇、好福利是怎么来得？当然是拼命换来的，在大公司里更是如此。大公司的核心是留住人才，让人才为公司创造更多的利润，而对那些没有本领或者本领不高的人，则会毫不留情地踢开。

你想方设法地为了在大公司长久待下去，所以不得不努力工作，拼命加班；有时候不得不放弃自己的爱好，放弃跟家人团聚的幸福，甚至放弃健康换取物质生活的提高和事业的成功。

在大公司里，你不是纵横战场的那位亚历山大大帝，而是无法负重前行的"压力山大"，它是你想长久留在大公司时，背上的一座大山！

10. 增值了，身价也就涨了

花语和向南毕业后，一同到一家大集团公司上班，花语做行政文员，向南做前台接待，两个人对工作都非常满意。

半年后，公司要从各部门挑选一批骨干员工到基层去锻炼，回来后会作为公司的储备干部。行政部经理找到花语和向南，问她们愿不愿意下到基层的岗位去锻炼。

花语比较犹豫，她觉得做行政文员比较稳定，也不是很辛苦；而且只要不调整岗位，公司每年都会加薪。下基层，辛苦不说，而且调整岗位的员工在新岗位不满一年不涨工资。因此，花语告诉经理，她不想去。

但是，听到经理的话，向南觉得这是个机会，虽然在办公室里很舒服，但她做前台也学不到什么新经验，于是，她答应经理要下基层去锻炼。

下班后，花语对向南说："你傻啊，放着办公室里有空调你不吹，去基层晒太阳流汗，甚至干不好还流泪，何

让你累的不是工作，
是**工作方法**

苦呢？"

向南说："空调吹多了不好，我觉得要趁年轻锻炼一下自己。"

花语摇摇头说："你就等着吃苦受罪吧。"

之后，向南被分派到基层做仓管员。仓库的工作非常琐碎、细致，一个人要管来料、检验、入仓，还要帮搬运工搬进仓库，出货的时候又要帮着搬出来。向南的衣服常常湿了又干，干了又湿。

有时候，由于路上堵车或者其他原因，客户的来料常常不准时，这些料明天又急着用，向南只能等物料到了以后，才能下班。

向南是个女孩子，以前从来没做过这么辛苦的工作，有时候累得直想打退堂鼓，但是仔细一想，除了辛苦，工作也没什么不开心的。

向南善于总结经验，她把以前做得不好的地方进行了改善，渐渐地，仓库的管理规范了起来。半年后，向南管理的这个仓库还被评为"标兵岗位"，集团各分公司都来参观学习。

不久，经理找到向南，问她："你想不想去做采购，公司的采购岗位正缺一名采购员。"

向南答应了。

公司的采购工作分好几种类型，向南承担的是外部采购加开发新客户的工作，需要跑市场。这时候，花语又对向南说："你好不容易把仓库的工作做顺了，公司却又派你去做市场开发这份辛苦活，当时你怎么就答应经理了呢？"

向南说："做什么都一样，储备干部就是要锻炼、要吃苦，这些我都能应付得来。"

花语说："太不公平了，你看你每一次调岗都没有涨工资，我老老实实做了两年文员，每年都给我涨 400 元工资呢。"

向南笑着说："虽然没有涨工资，但是我学会了很多东西。"

花语说："你还真傻。"

在新的岗位上，向南每天跑市场，人家货比三家，她货比十家都不止。半年下来，她的脸被晒得黑黝黝的。

由于向南在仓库工作过，对公司产品所用物料非常熟悉，在采购业务上非常得心应手，不仅采购的物料价格便宜、质量有保证，而且把很多用现金采购转化成月结甚至半年结算，让公司的资金流动了起来。对此，老总觉得她是个

可造之材。

向南在采购业务上正干得起劲时，总公司又调她去新成立的分公司做"开荒牛"……

转眼 10 年过去了，向南几乎做遍了公司的各种工作，她也从公司的一个小前台做到了公司的副总，工资比以前多了几十倍。

而这 10 年里，花语的工作没什么变化，至今还是行政文员。她的工资在原有的基础上每年都会涨 400 元，现在的薪水每月才 7000 多元。

一次，花语见到向南，无比感慨地说："10 年中我只增加了一点点薪水，而你的身价大大增加了。"

职场中，要想拿到满意的薪水，就要为自己不断增值。

11. 收起你的玻璃心，职场不相信眼泪

人在职场，特别是在职场摸爬滚打多年，常常因为上升

渠道狭窄、工资上不去、人际关系复杂，免不了有些伤心事。那么，我们要怎么办呢？具体如下：

（1）伤了心，但不要随心所欲。

葛义是个从农村来城里打工的青年，现在在一家有名的民营企业做人事主管，这完全是他多年辛勤努力的结果。但是，这人事主管他一当就是 5 年，经理换了两个了，愣是没轮到他升职。从希望到失望，他在工作中充满了怨气。

前段时间，公司又外聘了一位人事经理来接替上任经理的位置，葛义再也忍不住了，马上写了辞职信来到老板的办公室。老板不在，他却意外发现老板的办公桌上有一张任命他为办公室主任的通告。

葛义惊出一身冷汗，马上掉头离开了老板的办公室。他庆幸自己昨天没有那么冲动去辞职！

人在职场，伤心总是难免的。当你的工作遇到瓶颈的时候，也通常会与机遇擦肩而过，这时候你要做的不是与领导较劲，甚至说要辞职，而是要认清自己的长处并加以利用，这样才更能抓住机会！

（2）有企图心，但千万别贪心。

何飞刚进金鹏策划公司的时候还是一名小业务员，但他有一个人人皆知的升职计划：第一年，让自己的业务量在全公司排名前三；第二年，拿下全公司第一业务量并晋升为部门主管；第三年晋升为经理，五年内坐上运营总监的位子。

何飞勤奋努力，为公司签下一笔笔大单，创造了不小的收益。而当其他同事把他的企图心上告给老板时，老板笑呵呵地说："哪个人没有企图心呢？没有企图心的人干不成大事。"

当何飞听到这个消息后，他开始放心地为自己打算了。

当初何飞是为了显示自己的能力，一心一意拉业务，为自己的升职而加码；现在他发现，为公司创造了这么大的效益，自己得到的只有那么一点点，心里渐渐不平衡起来。

何飞开始向客户索要回扣，最后被忍无可忍的客户集体投诉。虽然老板觉得他是个人才，但为了公司的长远发展，最后只得解聘了他。

有的老板能容忍员工通过自己的努力为公司盈利，也能容忍员工为自己赚点好处。但有的老板眼里揉不下沙子，尤其是当你奋进的企图心变成贪心，沙子变成大石块的时候，老板会毫不留情地一脚把你踢开！

（3）灰了心，但不要冷了心。

40 岁的李晓明跳槽到一家私企做人事经理。这家公司规模很大，但是管理混乱，人事复杂，每天他会花很多时间在协调部门、同事之间的关系上。

有些事很难妥善处理，提出的意见老板也不接受，被老板批评是家常便饭。李晓明觉得很累，有几次想辞职，但想到这里薪水高、待遇好，又打消了念头。

助手小雅是一个充满热情的人，当李晓明遇到难题垂头丧气的时候，小雅就会给他买点吃的喝的，陪他发发牢骚，缓解一下情绪。但是，他并不领情，总说公司再这样下去就会垮掉。

就这样干满了一年，公司不再与李晓明续签劳动合同。他走以后，小雅被老板提拔为人事经理。

其实，每个公司都存在很多难办的事，老板提出要求并不是希望下属能一下子解决问题，只是希望下属有个积极的态度。当下属连好态度、好心态都没有时，老板也会失望。

人在职场，心累是常有的事，无论什么时候，你都要对工作充满热情，因为有良好的工作状态，才能有好的结局！

第四辑｜最短的时间解决最痛的难题 ◇

12. 所谓情商高，就是好话说四次

我的朋友赵春在一家食品公司当销售总监，一来二去我就跟他们公司老板认识了。

有一次，赵春找我诉苦，说不想给他老板干了。我问他："你的工资高、待遇好，有很多人求还求不来呢，怎么不想干了呢？"

赵春说："工资高、待遇好是不假，可是老板喜欢唠叨，这让我受不了。"

我笑着说："哪个老板不唠叨呢？"

赵春给我举了一个例子：有一次，他给广州的客户发错了货，但跟客户沟通好了，也没有造成多大的损失。按常理来说，老板批评两三次就翻篇了，可老板记性好，一年都没忘。

那天，老板批评他后，又严厉地说："要好好记住今天的教训！"没想到第二天上班，老板意犹未尽地问道："记住昨天的教训了吗?"

过了一周,他出差解决问题回来后,老板又问:"上周的教训很深刻,千万别忘记。"一年后,老板夸奖他工作做得不错的时候,依然记得那件事:"工作不错,多亏了一年前的那个教训。"

不知老板是有心还是无意,他把那句话重复了很多次,也伤了赵春的心。

我曾经看到一则新闻,日本有家公司加上老总冈野雅行只有 6 个人,却创造了年销售额达 6 亿日元的业绩!他为什么能取得如此大的成就呢?

有人对冈野雅行进行研究,发现他除具备无人能模仿的手艺外,还有一个重要的原因是,他喜欢"重复"说话。

例如,别人请我们吃饭,饭后我们会当面说一声"谢谢"。可冈野雅行不同,假如你请他吃饭,吃完饭后他会说:"谢谢款待。"第二天一见到你,他又会说:"谢谢您昨晚的款待。"一周后再见到你,他还会说:"谢谢您上周的款待。"如果下个月再见到你,他还会说:"谢谢您上个月的款待。"

冈野雅行为什么要说四次"谢谢",而不是一两次呢?

他认为，第一次说谢谢，对方认为你是客套；第二次见面再说一声谢谢，对方才感觉你对他很尊重；第三次见面再说谢谢，则会让对方感到尊贵；第四次说谢谢，对方会认为你一直记着他的好。

所以，冈野雅行的人缘特别好，就连一些知名企业的总裁都想找他合作，难怪他会成功！

在交际中，我们很容易说错话，哪怕是无心的，都会让别人不舒服或者伤心。其实，说错话并不可怕，只要有心去纠正，没什么大不了的；最可怕的是把一句错误的话说了很多次，就像一个伤疤刚刚愈合就被人揭开，怎能不让人讨厌呢？

因此，如果想让别人喜欢你，不但要经常说好话，而且要把好话说四次，这样谁都会喜欢你的。

13. 简单高效的沟通术

大家都知道，好话如花，丑话如刺！一句好话宛若灿烂的鲜花，温馨芬芳，惹人喜欢；一句难听的话就像一根芒刺，轻则，他人被刺痛，重则能让他人受伤。

职场中，每个人几乎每天都要跟领导、同事、下属沟通，那是必不可少的一门功课。因此，想要把话说好，让领导满意，让同事支持，是一件非常重要的事。那么，我们该怎么办呢？

（1）跟领导说话。

①你不想加班

带刺的话："领导，让我加班没问题啊，但在节假日加班要按照《劳动法》，付我3倍的日工资。"

潜意识："我是懂法的，你不给我3倍的日工资，我就不加班。"

高情商："因为我们公司的情况特殊，节假日一定要有人值班，这是没办法的事。您把加班这项任务交给我是对我的信任，我无条件支持您的工作。如果节假日后我有事请假，请您多给我放几天假。"

加班是不可避免的，也是逃不掉的，与其很不情愿地执行，不如痛痛快快地答应。这样会让领导高兴，也会让自己在以后请假时被领导批准。

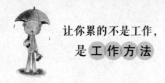

②你想加薪

带刺的话："领导，别的公司每年都加薪，我们公司3年都没加薪了，真没劲。"

潜意识："你不加薪我就怠工，甚至跳槽。"

高情商："领导，年初我制订了几个拓展方案，年底一定会让我们部门的业绩翻番。业绩翻番了以后，我们希望能得到公司的奖励。"

要让领导主动给你加薪，不是动动嘴巴就可以的，最关键的是要用业绩说话。

（2）跟同事说话。

职场中，同事关系不同于朋友关系，他们不会无条件地包容你，你们之间是一种相对独立又需要合作的微妙关系。

①不想与你不喜欢的人合作

带刺的话："我们性格不合，没有共同语言，无法合作。"

潜意识："想跟我合作？没门！"

高情商："我们性格不同但能互补，你具备的特长和优势是我没有的，只是有人提前邀请了我，我很期待下次能与你合作。"

不要认为你不喜欢某个人，可能别人也不喜欢他；即使很多人都喜欢你，也有人不喜欢你。

②这件事不是你的责任

带刺的话："我已经按照领导的要求配合你工作了，也在这件事上提醒过你，可是你不听我的话，所以这不是我的错。"

潜意识："这是你的责任，凭什么扯上我？"

高情商："这是咱俩第一次合作，配合稍显生疏，我有一定的责任。如果再次联手，我们就不会出现这样的错误了。现在也不是追究责任的时候，而是要把错误纠正过来，把损失降到最低。"

责任不能共同推卸，而要共同承担，这样的话会温暖人心。

（3）跟下属说话。

下属，一般是执行命令并把命令转化为结果的人。所以，跟下属说话，要给他们动力而不是压力。

①你不太信任下属

带刺的话："你没有经验，到底行不行啊？"

潜意识："你可千万别搞砸了，否则我会扣掉你的奖金，炒你的鱿鱼。"

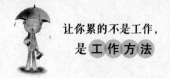

高情商："你虽然没有经验，但以你的能力来说做这件事应该没问题，我静候你的佳音！"

下属不是你的绊脚石，而是你的垫脚石，只有他的工作出色了，你才有可能更出色。

②结果不是很如意

带刺的话："你怎么搞的，这点小事都做不好，还能做什么？"

潜意识："这次你死定了！"

高情商："有你这么优秀的下属，是我的福气！我相信，这件事只能由你来做，你会给我带来好运！"

责骂只会让人不舒服，而赞美能使人心情愉快。

《诗经·抑》云："白圭之玷，尚可磨也；斯言之玷，不可为也！"意思是：美玉如果有瑕疵，还可以想办法磨去；人一旦说错话，那就收不回了。

职场中，你要学会好好说话！

第五辑　你必须知道的工作方法

你超过别人一点点，别人就会嫉妒你；但若超过别人一大截，别人就会羡慕你！这是职场的"点金石"，你不妨试试。

1. 搬走多余的椅子，巧治拖延症

公司每次开会总有职员迟到，为此，领导专门召开会议，并制定了种种奖罚机制，可开会迟到依然是个没法解决的难题。因为，迟到者总有迟到的理由。

不久，公司新来了一位办公室主任，公司的会议多由他主持。

第一次开会，像往常一样，众多迟到者陆陆续续地走进会议室，但他们进来后环顾一圈发现，会议室原来会预留的椅子，一把也没有了。这样，来晚的职员只能在一角站着开会。

开会时间通常是少则一个小时，多则两三个小时。迟到者从来没试过站着开会，所以，一场会议下来，他们的腿都站麻了。

第二次开会时，第一次开会的迟到者都提前来到了会议室。可还是有个别人迟到，只是总数明显比上次少了一些。

当然，迟到者依然要站着开会。

第三次开会，会议时间一到，没有一个人迟到。

这是怎么回事呢？

原来，办公室主任发现：会议室平时摆放着很多椅子，每次开会，迟到者总是不急不慢地进来，随便找个椅子坐下——那些椅子好像是专门为他们预留的。

于是，在每次开会前半小时，办公室主任先打电话到每个部门经理那里落实到会人数，之后，在开会时间一到，派人把会议室多余的椅子全部搬走。如此一来，大家都知道来晚了，就要站着开会，于是人人争先，唯恐落后。

其实，人都有惰性，而人的惰性大多源于环境。当惰性的依附消失了，人就会改变原来的习惯。而管理上有很多事也不必大张旗鼓或大动干戈，只要找准问题的关键所在，事情就像搬走多余的椅子那样简单了。

2. 超过别人一大截，就会被人羡慕

在职场中，你被人嫉妒过吗？你为此而烦恼过吗？如果有，那说明你的某些方面不讨人喜欢，需要自我调整。除此之外，还说明你的另一些方面比别人强，否则没人会无缘无故地嫉妒你。

那么，有人羡慕你吗？如果有，一方面说明那些潜在的"敌人"，很快就会成为你的帮手或朋友，同时也说明你的努力得到了认可。

柯蓝在一家合资企业做了几年行政工作，福利和待遇与同行比还算不错。但她不想就这样碌碌无为下去，而想趁着年轻去闯一下。于是，她打算跳槽到另一家比较有发展前途的民营公司。

通过对这个行业的了解，柯蓝认为这家公司的产品很有市场前景，于是她在众人惋惜的目光中辞职了。还好，裸辞并没有让她失望，她很顺利地进入了新公司。刚开始，她不熟悉销售技巧和销售渠道，也没有建立起人脉，蛮干了几个月后，业务开拓得不顺，所以业绩月月垫底。

柯蓝很是嫉妒那些不经常外出奔波、却照样能做出好业绩的老员工。一次表彰大会上，老板又表扬了那些老员工，回到办公室后，她心里酸溜溜地想："有什么了不起啊！我也能行！"

嫉妒归嫉妒，工作还是要靠勤奋和努力去铺垫，靠业绩去说话。于是，柯蓝开始调查市场、拜访客户，缠着那些业绩好的老员工给她讲销售经验，还经常向老板请教一些生意场上的技巧。总之，一切都在有计划、有目的地前进着。

半年后，柯蓝的业绩迅猛提升，一下超过了很多老员工。每次开会，老板对她突飞猛进的业绩都会给予肯定和赞赏。但是，现在轮到那些"坐享其成"的老员工嫉妒她了，有人说她靠老板的关系拉客户，也有人说她用不正当手段拉客户。

柯蓝很苦恼，经常跟那些嫉妒她的人解释，甚至吵架。有一次，她跟一个老员工吵完架后，一气之下递交了辞职信。不久，人力资源部经理找她，说是老板叫她过去聊一聊。

柯蓝一见到老板就诉苦，老板耐心听完她的话，笑呵呵地问她有什么解决办法。她摇摇头说："我怎么能改变别人对我的看法呢？"

老板说："这倒是，别人的嘴是管不住的，别人嫉妒你也是没办法的。但是，你愿不愿意让别人羡慕你？"

她说："当然想了。"

老板说："那你就留下来，我教你怎么做吧。"

她问："您有什么办法？"

老板说："办法只有一个，就是你得超越所有的人！"

她愣了，不懂老板的意思。

老板继续说："一般情况下，你超过别人一点点，别人就会嫉妒你。但若超过别人一大截呢？那别人就只有羡慕你的份了。"

老板的一席话，让柯蓝如梦初醒。她收回了辞职信，回去后，认真做了一份详细的学习计划和工作计划，很快让自己像陀螺一样旋转起来了。

在进入公司的第二年年底，柯蓝的销售业绩占了公司总业绩的 20%，还被提拔为销售主管；第三年，她的业绩更加突出，个人业绩占到公司总业绩的 30%，并出任了销售经理；第四年，她的业绩占了公司总业绩的 50%，被提拔为销售总监。

如今，柯蓝坐在宽敞明亮的办公室里，过得很开心。她知道现在极少有人再嫉妒自己了，更多的则是羡慕。

你超过别人一点点，别人就会嫉妒你；但若超过别人一大截，别人就会羡慕你！这是职场的"点金石"，你不妨试试。

3. 会沟通，就是向后退一步

在一次例会上，有两名部门负责人为一件事情吵得不可开交，办公室主任也无法协调。此时，总经理推门而进，两名负责人才结束了争吵，但心里的怒气还没消。

总经理坐下后，耐心地听两名负责人陈述完这件事，沉思片刻说："的确，你们两位都讲得有道理，不过，有道理未必能解决问题。这样吧，你们两位试着这样沟通一下——每个人先退一步，自己做得对的地方暂时不讲，先说说做得不足的地方，以及没有完全尽责的地方。"

两名部门负责人互相看了一下，没想到总经理会让他们这样做。接着，他们俩便检讨了一下各自的不足之处。

总经理说："你们都有做得好的地方，当然也都有做得不好的地方。刚才，你们都急于'向前一步'，把自己做得对的地方强加给对方了，把做得不对的地方各自隐藏了。"

听到总经理的话，他们觉得很不好意思，最后握手言和。

总经理又说："我们在沟通时并不是摆事实、讲道理、试图说服对方就能解决问题。沟通就是把'向前一步'改为'退后一步'，这样才能给对方留下一个沟通的空间。假若大家都向前冲，最终的结果是互不相让，甚至两败俱伤。"

沟通就是使自己退一步，甚至两三步……

4. 做事要讲究方式方法，先易后难

参加过学校考试的人，都会有这样的体会：在考场上拿到试卷后，先仔细审题，然后按照"先易后难"的顺序做自己会的题；最后集中精力再去攻克那些复杂的题。其实，在

工作中，也需要用到这样的方法。

职场中，每天都会有很多工作等着我们，如果处理不好，就会为工作缠身，分身乏术。那么，如何有效地、从容地把工作做好呢？这里面大有学问。

有的人对工作毫无计划，随手抓过来就做；有的人刚开始的时候不紧不慢，到了火烧眉毛之际，才火急火燎地去做；有的人条理性好，做事有计划；有的人习惯把最难做的工作先做，简单的工作后做，他们喜欢"先难后易"，或者叫"先苦后甜"。

然而，在实际工作中，还有一个更好的方法能提高工作效率，提升工作质量，那就是如同考试中的答题一样，采取"先易后难"的顺序。

杨敏是办公室主任，**她做事就很有一套**。虽然她每天的工作量很大，但从没见她特别忙碌过。有时候，她还会上上网，看看闲书。她的工作方式就是优先做最紧迫的工作，其次做最容易的工作，接着才做最难或最费时间的工作。

稍加留意就会发现，一般而言，最难做的工作通常不是一蹴而就的，需要反复和持续跟进，但这样，肯定费时费力。最重要的是，这会影响我们的心情——当你迟迟不能解决问

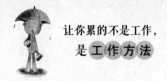
题时，情绪会变得烦躁、郁闷，专注力也会下降。

而那些本来很容易完成的工作，也因为你的"无暇顾及"或者"不屑一顾"，而耽搁或遗漏了；而且拖延之后，处理问题的质量也会下降。

久而久之，工作越积越多，问题也会由简单渐渐变得复杂；从不重要的工作变成重要的、紧急的或是麻烦的工作。这样一来，势必会使你手忙脚乱，顾此失彼，漏洞百出。

所以，最难的工作不一定是最重要的工作，简单的工作如果不及时处理，也会变得很复杂。

如果我们尝试着调整一下工作习惯，每天先处理手头那些最简单的工作，这些工作少则需要几分钟，多则需要半小时就能完成，也不会遗漏；接下来，要集中精力处理一些紧急和必要的工作。

这里的窍门是，如果先做紧急和必要的工作，那些最简单的工作就会随时来干扰你，影响你做事的准确性和及时性，反而容易出错。所以，你还不如迅速地把简单的工作处理好，再平心静气地去琢磨和钻研那些复杂、棘手的事，这样效率会更高。

最简单的工作最先做，最难啃的骨头最后啃。当把那些简单的、紧急的工作完成后，自然会有一种放松的心态。在这样的状态下再去处理那些棘手的问题，通常会得到意想不到的效果——即使不能一下子顺利完成，也不会顾此失彼、丢三落四！

5. 脾气好、肯干活，也许是能力不足

在工作中，我们都不太喜欢跟脾气坏的人相处，而总想与脾气好的人在一起，因为脾气好的人通常肯干活。所以，工作中，我们特别喜欢那些脾气好的人。

公司新来了一名销售助理，他刚来公司不久，便赢得了同事们的一致认可。为什么呢？因为这位仁兄不仅生得一副憨厚之相，而且有一副好脾气。

无论是领导的刁难，还是同事们过火的玩笑，他都会一笑了之。同时，他还会帮大家做事，谁要复印资料、谁要订餐——总之谁要有事，只要喊他一声，他会毫不犹豫放下手

头的工作来帮你。

有的同事觉得他傻，便怂恿他去做"坏事"，他只是傻乎乎地问："真的要去吗？""我可真去了哦！"他的模样逗得同事们哈哈大笑！

时间久了，我才发现，除了憨厚、脾气好以外，他的工作没有章法，工作效率超低。

我也会指点一下，他千恩万谢地说："非常感谢您啊！""我会改进的。""是我太笨了……"之后，他便没有了下文，工作还是老样子。

这个发现让我大跌眼镜，最后我才明白，他真的"很笨"！但在这件事上，他又显得很"精明"：由于清楚自己的工作能力不足，所以用好脾气来填补。说白了，这是一种障眼法，用来转移大家对他工作能力的注意。

巧了，几天前公司新来了一个女孩子，做行政工作。她不仅长得很漂亮，而且工作能力令人刮目相看。因为，她在工作中有一种"拼命三郎"的精神！

每天8点半上班，她几乎提前半小时就来到公司；中午小休，同事都上网或打瞌睡的时候，她还是不停地忙碌着；同事们都下班了，她还在加班，华灯初上才回家。

老板见她如此勤奋，还表扬过她呢。

女孩子的上司也经常在我面前夸奖她，说她如何勤奋、如何肯干，让我羡慕不已。

我渐渐地注意起她来，但观察的结果令我大失所望！原来，女孩子每天都在重复昨天的工作。比如昨天的文件已经整理好了，今天再拿出来整理一下，等等。所以，她看上去很忙，让人感觉到她很努力，其实是在做无用功。

"多干活""肯干活"是一种勤能补拙的笨办法，但就是这种笨办法竟能迷惑一些人。

公司里还有另外一种人，他们傲慢无礼、脾气坏，但是他们做事干脆利落，做出来的成绩令人敬佩。究其原因，这种人是有能力的，他们通常是公司的脊梁骨，不可缺少。

我们都喜欢跟脾气好、肯干活的人在一起，虽然那样会让我们精神愉快，但在一起工作却很累。所以，脾气好、肯干活，有时候也是能力不足的表现！

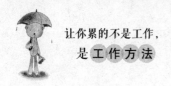

6. 不是问题的问题

在我的策划下，公司每年的"迎春晚会"都会流光溢彩。晚会的成功离不开我的努力，特别是对公司各部门选拔出来的晚会主持人，我在训练指导期间可谓要求苛刻。我有一句口头禅："这不是问题。"也就是说，什么困难都不是问题。

今年，我在训练主持人的时候，感觉这批新选拔出来的人员比去年的还优秀，但是为了保证晚会的质量，我还是不敢懈怠。

在第一次训练的时候，我对每个主持人从头到脚都挑了很多问题，然后针对这些问题不停地训练；特别是对主持人的面部表情、走姿以及身体的协调度，要求得尤为严厉。

但是，3 个小时下来，效果并不明显，几个主持人很疲惫。在我的吼叫声中，主持人的表现力没有得到提高，反而越来越不在状态。并且，他们还找理由说自己穿的鞋子太高、衣服不合适，但都被我一句"这不是问题"驳回了。

接下来的训练，无论我如何要求，大家的表现都不能令人满意。助手看到我脾气暴躁的样子，悄悄对我说："你提出来的问题都是对的，可你提出这个问题，他们就会注意这个问题；你提出那个问题，他们就会注意那个问题，顾此失彼。因为他们一方面还没有完全理解并消化你的意图，另一方面因为压力而'走形'。所以，让他们暂停一下，自己找找感觉如何？"

　　我听后，觉得很有道理。

　　是的，在我的训斥下，他们俨然背负了一座大山，导致动作变形和僵硬，看似不是问题的问题却成了问题。于是，我让他们休息一会，先找找感觉再练。

　　等我再回到现场的时候，主持人都在舞台上自行练习起来，而且，他们的表情、仪态都有了显著的提升。接下来，我并没有再"指指点点"，而是站在一旁观看他们的练习，并对他们表现好的地方点头赞赏。

　　他们练习得更起劲了，有时候会主动让我指出他们身上还有哪些问题。接下来的练习简单轻松，充满了欢声笑语。

　　工作中，管理者通常很强势，通常会认为没什么问题是解决不了的。然而，结果却是：下属在强压之下能完成任务，

第五辑／你必须知道的工作方法 ◇

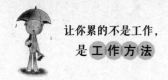
但多数只是机械地完成，质量并不高。

因此，在给下属安排任务或者进行指导的时候，尽量要避免说"这不是问题"，不妨这样说："有问题，最好自己找出来，并全力解决它。"

在管理中，不问缘由的"不是问题"就是一种问题，我们不要让"不是问题"成为问题。

7. 管理就是越明确，越简单

在担任公司主管期间，一开始我觉得管理首先是放权——只有放权，才能让下属发挥作用。所以，对于下属的工作汇报或给他们交代工作，多数情况下我会说："可以，按照你的想法去做。""没问题，我相信你。""你去做就是了，有责任我承担。"但结果通常不是太令人满意。

于是，我又收回了权力，对下属的工作安排得非常详尽，可结果同样糟糕。对此，我一筹莫展。

一次，我去朋友的公司拜访，正巧他的下属前来汇报工作。听完下属的汇报，朋友说："你的想法可行，你务必在明天上午9点前把详细的书面方案给我；10点前你再到这里拿我修改的方案去打印出来。该方案由你和张扬负责，下午2点半开会宣布。执行中有问题第一时间向我汇报，听明白了吧？"

下属重复了上司刚刚所说的话，他点头默认后让下属去准备。

看到朋友是这样处理事情的，我突然茅塞顿开。

朋友对下属看似交代得很详细，但他用"时间""地点""如何做""做什么""什么人来做""如何反馈"等来说明要做的事情，显得一点都不含糊。

是的，很多主管都会犯这样的错误：有时候对下属在工作问题上说得太详细，使下属放不开手脚，做事机械，通常会导致工作没有出彩之处。

有时候对下属说得太简单或者含糊，使下属去猜测；做事没有目标和标准，则又会浪费时间，导致工作上的偏差很大。

其实，管理就是越明确，越简单。

8. 珍惜你的第三份工作

很多人都对自己的第一份工作充满期望，并将全部精力都投入了进去。由于寄托了太多的希望，一旦这份工作无法给予回馈，他们就会因失望而辞职。所以，绝大多数人的第一份工作就像初恋，也许很甜蜜，也许很伤感。

第二份工作通常比第一份工作好一点，因为此时我们已经有了一些职场经验。由于我们吸取了前一份工作的教训，变得不再幼稚和单纯，甚至学得聪明起来，于是我们更加务实了。

在第二份工作中，公司会给你贴上"可塑性"的标签，上司会放手让你去做一些有挑战性的工作，培养你成为公司未来的骨干。因此，在第二份工作中，我们有点小小的"春风得意"！

不过，虽然这份工作让我们有了优势，但并不是很突出——在职场丛林中，我们还不能担当重任，还没有"冲锋陷阵"的实力，很难更上一层楼。一些人迟迟不得升迁，觉得这样很没意思，于是，他们开始不安分起来，打算找第三份工作。

经历了第二份工作，我们变得成熟、自信了。由于积攒了工作经验，我们很快找到了第三份工作。

第三份工作中，我们的职位和薪水会提升，这个时机大约是在进入职场四五年后，正是我们风华正茂、大施拳脚的时候。这时候，最重要的是，我们知道自己想要什么，公司需要什么。

对于大多数人来说，第三份工作将会是他们最满意的工作，也是付出最多汗水和智慧，得到最多收获和荣耀的工作。

在第三份工作中，你意气风发，备感优越。如果你才华出众，还会有很多猎头公司闻风而动，偷偷来挖你。当然，压力也会伴随而来，让你疲惫不堪。你想跳槽，可是你不敢轻易跳槽，因为像目前这么好的待遇，这么有前景的公司，很难再找到，所以你不会轻易跳槽，但经常受到压力的煎熬。

人不是经历越多就会越有经验，不管因为什么原因，是你自己的决定也好，被同事排挤了也好，你失去了第三份工作。

你感觉自己从一个很高的地方摔下来，很长一段时间内

都不能恢复如常。即使找到了第四份工作，你也忍不住会跟之前的工作相比较，觉得事事不如意。但是，木已成舟，第三份工作已成过往，你再也回不去了。

一般情况下，当一个人做过三份工作以后，就会越来越不安心工作，习惯性抱怨、习惯性跳槽。因为，这时你缺少了第一份工作中的单纯、第二份工作中的热忱、第三份工作中的尽心；也因此失去了像之前那样对第一份工作的态度、对第二份工作的执着、对第三份工作的忍耐。

你会体会到：经历越多，越感到担心。因为，你知道下一家公司在看你的工作经验时，也在看你的忠诚度。一个不忠于前公司的员工，也未必会忠于现在的公司。所以，他们通常会慎重考虑。

在你不停地跳槽时，前面也有坑在等着你跳！

但是，请你不要怕，因为你还有补救的办法——那就是把你之后的每一份工作，都当作第三份工作，那样你一定还会激情焕发。

9. 别在最该吃苦的时候，选择安逸

从小玩到大的伙伴阿豪，学习成绩一直很好，有"学霸"之称。他一路顺风顺水，大学毕业后被一家私营企业老板高薪聘为秘书。当别人还在求职的大军中奔波时，他早早稳定了下来。

阿豪每天的工作主要是为老板写材料，打理人际关系，工作很轻松。老板也很给他面子，每次带他去见客户或参加行业峰会时，总拍着他的肩膀说："这是我们公司的大才子，很有水平。"

很多客户惊讶于一个小企业中竟有大才子藏匿其中。阿豪对这份工作也很满意，闲暇之余他就上上网、打打游戏，很是清闲。

半年后，由于公司发展迅猛，准备成立一家分公司，老板想让阿豪去筹备新公司，有意让他锻炼一下。

阿豪知道新公司地方偏远、生活条件艰苦，而且资源和

人脉都没法跟总公司相提并论，一切都要靠自己拼命——当然，拼命了也不一定有收获。他考虑再三，还是觉得现在这份工作稳当、轻松，于是找借口推脱了。

老板看出阿豪不愿意去，也没勉强他，于是调了一个部门主管去了新公司。一年后，新公司逐渐有了起色，老板对那位主管的工作非常满意，不久便提拔他为新公司副总。这令阿豪羡慕了好一阵子。

这事之后，老板并没有怪阿豪，而是觉得他年轻、有文化、可塑性强，平时在工作中会有意栽培他，给予重任。可阿豪不太喜欢被老板"赶鸭子上架"，总会想办法推脱。老板很无奈，渐渐放弃了对他的栽培。

阿豪也感觉自己这样下去学不到太多的技能，只会白白浪费大好时光。但是，高薪水的诱惑、工作的轻松，让他一直迈不开脚步。每逢公司有重大调整的时候，老板总希望阿豪能够主动提出去新环境、新岗位锻炼一下，但他每次都犹豫不定，因此错失了很多良机。

阿豪在公司 干就是 10 年。现在，老板移居国外，公司交给了合伙人。但新老板觉得阿豪很懒，于是调他去销售部门锻炼。

阿豪在销售部门干了几个月，很不适应，被迫辞职。辞职后，他又找了几份工作，但都因为这样那样的原因而辞职。他这才后悔自己贪图安逸，错失了机会。

如果说阿豪喜欢安逸的工作，那么，他的朋友阿威就是在逃避"吃苦"和"受气"的工作。

阿威毕业于普通大学，但自学了平面设计课程，之后，去了一家公司做设计师。这家公司的生意不错，接单很多，阿威经常加班加点，甚至一连几个晚上都在画设计图。但他觉得这不是自己想要的生活，于是向老板提出辞职。

老板觉得阿威口才不错，建议他去客服部，处理客户投诉。他在客服部干了一个月，经常无缘无故地受到客户的指责和谩骂。

有一次，阿威跟一个客户吵了起来，结果客户打了他一拳。他哪里受过这种气，竟然跟客户扭打在一起。最后，老板辞退了他。

离开公司后，阿威开始了求职之路。这些年，他飘忽不定，少说也换了十几份工作，但每次都是因为在公司受了气就辞职。他把大把时间都浪费在了不断跳槽上，直到现在还没找到令自己满意的工作。

第五辑 你必须知道的工作方法 ◇

>>> 203 <<<

找一份令自己满意的工作很难，因为薪水高的工作太辛苦，轻松的工作工资又少。有时候，我们也为了追求薪水高、轻松的工作不停跳槽，最后白白浪费了自己的年华和机会。

但我希望你能明白，别在最该吃苦的时候选择安逸！

10. 有时候必须忍一忍

集团公司的总经理助理换了一茬又一茬，可把人事总监累坏了。眼看到年底了，助理人员还没有着落。

"年薪 50 万元还招不来人，你的脑子被狗吃了！"赵总开始训人事总监。

"明天就有一个人过来面试。"人事总监大气不敢出，说完，就灰溜溜地退了出来。

这么好的待遇竟招不到人是有原因的，原因是赵总脾气大得让人受不了——有些应聘者在面试当天，见识了他的脾气后，就没了下文；有些应聘者在工作一段时间后，也是逃之夭夭。

人事总监说明天有一个人来应聘是无奈之下撒的谎，然后他要利用半天的时间到处去"抓人"。正当他心急如焚时，有一位叫陆杰的应聘者不请自来。

人事总监喜出望外后又失望至极，因为看了陆杰的简历后发现他并不是自己想招的人，他只好说："以前你都是在小公司工作，像我们这种大公司你怕是适应不了。"

陆杰说："别看我都是在一些不知名的小公司工作，但是我有一个长处，那就是干的活都是总经理助理，每家公司至少是3年，在最后一家公司干了5年。"

人事总监问："那你为什么不继续干下去了？"

陆杰说："还不是因为你们这个职位薪水高、挑战性强，我已经有十几年的抗压能力了，我比'打不死的小强'还强。"

人事总监一听笑了，对陆杰说："就是你了！"

但是，陆杰第一天上班，赵总就给他出了个难题，让他写一份年终总结报告，第二天一早就要。

接到任务，在办公桌前呆坐了半个小时后，陆杰拿起电话让财务总监、人事总监过来，然后对他们说："今晚辛苦二位总监跟我一起加班，准备年终总结的相关数据。"

财务总监和人事总监都不想加班，陆杰就对财务总监说："如果我的数据不准确，赵总肯定会追究我的责任，但

也会追究你的责任,你不想被赵总骂吧?"

说完后,陆杰又对人事总监说:"你招我进来,我非常感谢。但是,我干不好会被辞退,你也少不了被赵总骂。你救我于水深火热之中,我也救你出水深火热!"

人事总监和财务总监相视一笑,点头答应了。当天,两位总监陪陆杰加班到凌晨两点,才弄好一切数据表。

第二天一早,陆杰把一摞装订好的资料交给赵总:"赵总,我整理了 3 份总结报告,一份是适合您在集团董事会会议上用的讲稿;一份适合向集团各个分公司下发;一份是可以对外发布的稿件。如果还不够,我再改。"

赵总头也没抬地说:"放在那儿吧。"陆杰退了出来。

"第一天来就没挨骂,这小子行啊!"办公室的其他同事很意外。

可是,赵总该发脾气还是发脾气,该训人还是训人。陆杰虽然工作不是尽善尽美,但脾气好得要命,无论赵总怎么训他,怎么拍桌子,他都是一副笑脸。有时候赵总用手指着陆杰说:"你能不能有点脾气?""你能不能有点骨气?总是点头哈腰的。"

陆杰只是说:"人哪里没有脾气呢?但是,我发脾气对自己没有一点好处。"

"罢了罢了，跟你说你也不懂。"赵总大有怒其不争的失望。

赵总的火爆脾气依然如故。半年以来，明明陆杰没做错什么，赵总总是不给他好脸色看；明明他已经做得很好了，赵总还是吹毛求疵。大家都替陆杰感到不值。

"这份工作这么难做，你怎么能做得下去呢？"有一次，有一名同事忍不住问陆杰。

"的确难做，但是这份工作工资高啊！以前我每月的工资最多的时候也不过万，现在一年我能拿50万元，再难也要撑下去。"陆杰说。

"我是受不了这种刁难，每月给10万元也做不了这个职位。"同事摇摇头说。

"那是你家不缺钱。"陆杰摊了一下双手说。

"忍一忍，先赚他个几百万？"同事反问道。陆杰哈哈一笑。

3年后，陆杰向公司递交了辞呈，赵总留也留不住。

后来听人说，陆杰拿着这几年的辛苦钱去了云南丽江，在那里开了一家小客栈，每天看云卷云舒，日子过得很舒坦。

〈第五辑〉 你必须知道的工作方法 ◇

11. 员工辞职不是工资不合适，就是心里委屈了

表妹在一家化妆品代理公司做了半年市场主管，现在有一家同行公司要挖她过去做市场经理，薪酬和福利很动人，条件是必须马上到岗。

表妹有点犯愁，因为立马辞职意味着违反劳动合同，之前的提成很难拿到。当她禁不住诱惑向公司提出离职的时候，HR 叫她去办公室聊聊。

HR 问："你做得好好的，为什么要离职呢？可否跟我说说原因。"

表妹早已找好了理由："不是公司的原因，是我自己有点私事要急着处理，所以要尽快辞职。"

HR 笑了一下说："我能看得出来，你不是有私事要处理，而是想跳槽到另一家公司去吧？"

表妹大吃一惊，但又不得不佩服 HR 的眼毒。她忙解释说："我不是跳槽，是真的有私事要处理。"

HR 接着说："我们公司在两种情况下不留员工：一是自己打算创业；一是员工很有能力，也干了很多年，但是公司不能给他提供更大的舞台。你一定要离开公司，我也没办法，你想清楚后告诉我，我会给你办理离职手续。"

HR 的话让表妹惭愧，人家是多么通情达理啊！可既然人家都看穿了自己的想法，留下来估计也没有好果子吃，于是她说："我现在就决定好了要离职，请帮我办理离职手续吧。"

HR 对表妹说："这样看来，不是你做得不好，而是我们没做好，很遗憾不能留下你。我尊重你的选择，如果你真的决定好了，明天上午来办理离职手续吧。"

面对这样的结果，表妹很是惊喜。最后，看她欲言又止的样子，HR 说："你是担心急辞公司会扣你的提成吧？放心，工资一分不扣，提成一次性全部结清。"

"一分不扣？"表妹高兴得差点跳了起来，她没想到这次辞职出乎意料的顺利。

第二天上午，表妹来到 HR 办公室办理辞职手续。她把办公室的钥匙、工作证、工作服以及其他资料等交给 HR。

HR 没有接，而是微笑着对她说："这些物品你暂且保

管吧，以后或许还能用得着。"

表妹惊讶地张大了嘴巴，愣了一下，问："什么？你的意思是我还会回来？"

HR 说："我们公司 60% 的员工都吃过"回头草"，包括我在内。你以后回不回来，不在于我，而在于你。"

表妹心里直犯嘀咕："HR 怎么那么有信心预知我会回来呢？"她在 HR 给的离职表上签了名，准备离开。但 HR 说："别这么快走，还有事情没有给你办理呢。"

表妹说："签了字不就行了，还有什么事情要办呢？"

HR 说："你的离职证明拿了吗？"

表妹说："没有。"

HR 说："你的档案、资料包括身份证、学历证书的复印件，还要拿走吗？"

表妹想了一下说："要。"

HR 说："公司送你出去培训，考取的证书原件你还要吗？"

表妹点点头说："要。"

HR 说的这些东西都是表妹离开前最渴求的，现在都要主动给她。HR 还说了一些表妹不太了解的社保、公积金等事情，如果她需要，HR 都会帮她办理。

听着这些话，表妹眼睛都有点湿润了。她跳槽过几次，也看过别人跳槽，多数员工跟公司的关系都搞得很僵，甚至有的还走了法律程序。现在，这算是自己最顺利的一次辞职，这让她感觉到很温暖、很贴心。

表妹千恩万谢HR后，打算起身离开。但HR又叫住她说："哦，差点忘了你还有一份重要的文件没签，签完后你就可以离开了。"

表妹有些愕然，问："还有一份重要的文件没签？"

HR说着拿出一张表格，表妹低头一看，表格上写着一句话："送给你离职的最后一件'嫁妆'——现金5000元。"表格上有公司总经理的签名。

表妹有点傻眼了，问："每个员工离职都送这样的'嫁妆'吗？"

HR点点头说："是的，我们公司成立以来就有这个规定，无论员工主动离职还是被公司解聘，会根据员工的职务和入职时间给予一定的'嫁妆'。你的'嫁妆'算是少的了。"

表妹说："真是不可思议，离职还送'嫁妆'，闻所未闻。"

HR说："只怪你孤陋寡闻，海底捞火锅店也送'嫁妆'——在海底捞做店长超过一年以上，不论因什么原因离

职，哪怕是被竞争对手挖去，海底捞都会给几万元的'嫁妆'呢。"

　　走出 HR 的办公室，表妹心里很纠结，她打电话问我怎么办。我听了她的描述后，说："别傻了，你出去后还能找到这样好的公司吗？趁着还有机会，赶快重回这个职位吧！"

12. 你没被录用，都是名字惹的祸

　　我们公司要招一名前台，要求形象好、气质佳。一个名叫"玛丽莲"的应聘者简历出现在我眼前，但我知道此"玛丽莲"非彼玛丽莲。

　　好吧，看在跟大明星同名的分上，我打开她的简历，没想到简历上的照片竟然真是玛丽莲。我揉揉眼睛，看了看求职者的履历才知道，原来她借用了大明星的照片！

　　在好奇心的驱使下，我拨通了她的电话，让她来参加面

试。她如约而来，我一看她的身份证复印件，原来她的真名叫马丽丽。

我问她："你为什么不用自己的名字和照片，而用玛丽莲的呢？"

她反问我："你喜欢玛丽莲吧？"

我说："喜欢啊，美女都讨人喜欢。"

"那就对了，假如我写真名，我的简历也许你看都不会看一眼。这是一个看颜值的年代，我这样做就是为了吸引你的眼球。"她得意地说。

我哭笑不得。通过交谈，我觉得她不是很适合这个职位，最后告诉她："你人也来了，我也用眼球看了你，你先回去等通知吧。"

公司近期要招聘一名销售员，一份应聘者的简历吸引了我的目光。这名求职者叫胡天才，有 10 多年的行业经验，薪水要求也不高。不过，他在每家公司做的时间都不长，多则一年，少则两个月，而离职原因则是："天才怀才不遇。"

我觉得这个人很有趣，就邀请他来参加面试。那天，他在自我介绍时，果然出语不凡："本人姓胡，天子的天，才华的才。"之后，他大发感叹——感叹自己空有才华而无人

赏识，抑郁不得志。

这让我激动不已。最后，我决定先让他来公司试一试，他反问我："做销售员每天要打卡吗？"

我说："要。"

他说："有才华的销售员是不用打卡的。"

我说："偶尔真的有事，也可以不用打卡。"

他又问："做销售员有试用期吗？"

我说："有。"

他说："有才华的销售员是不用试用期的，可以破例。"

天哪，这么"有才华"的人来到公司，不知道是喜是忧！

公司要招聘一名办公室副主任，但是看了很多应聘者的简历，我都感到不合适。老板说不如自己培养，刚走出校园的大学生也行，他们有可塑性。

就这样，我面试了一名应届生。当时，他自我介绍："本人叫田冠军，多才多能，非常适合这个职位。"

我说："你说来听听。"

他说："我做过学校的文学社副社长，能写会画；我做过团支部副书记，思想觉悟高；我做过学生会副主席，人缘好，组织能力强。"

我点点头，说："不错。可是为什么你做的职位都是副手呢？"

他反应很快，说："善于做副手的人，胸怀都比较广阔。"

我笑了，觉得他很机灵。

他继续说："我会的事情多着呢。"

"你继续说。"

"我还会5门外语、10种方言，可以派到全国或世界各地去工作。另外，我有C驾照，技术熟练，做老板的司机绰绰有余。我一人可做多个职位，能为公司省不少人工费用。"

天哪，你太厉害了——吹牛冠军吧！

第六辑　在职场做个精明的"杠精"

　　职场从来不是一帆风顺的，我们需要"沉下去，浮上来"——我把这句话作为自己的职场座右铭！

1. 千万别让老板瞧你不顺眼

在职场中，员工要承受较大的压力，特别是来自老板的压力。为什么勤勤恳恳地工作，老板还瞧你不顺眼呢？具体原因如下：

（1）嘴巴漏风似风箱。

在一次中高层管理会议上，老板透露年底要给员工涨10%的工资。会后，人力资源部经理王美美太高兴了，马上把这个好消息跟助手闫青说了。

没想到，闫青竟然把这个消息传了出去。很快，公司员工全都知道了，并且有些员工以讹传讹，传言公司要涨15%的工资。

老板对此很不高兴，因为本来他只想涨10%的工资，却谣传成了15%，这给他造成了骑虎难下的窘境。通过调查，他得知此事是从王美美和闫青那里传出去的。结果，到

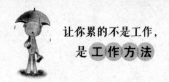

了年底，其他员工都涨了工资，唯独王美美和闫青没涨。

在职场中，大嘴巴的后果很严重，因为这样可能会损害老板的利益。有时候，老板瞧你不顺眼不是因为你笨，而是因为你的"嘴巴比脑子反应快"。

（2）随声附和的墙头草。

在一次销售碰头会议上，老板把公司遇到的问题说了出来，想听听大家的意见。大家发表了一些见解，老板并不满意。

这时，南方区域销售主管王凯说出了自己的想法。但还没等老板表态，销售经理刘茜迅速站起来附和道："这个办法是可行的。"没想到这让老板很不高兴，他说："你还没听听我的意见就急着发什么言？这个办法已经证明是行不通的。"

刘茜立马面红耳赤了。

对于自己解决不了的问题，老板会希望集合员工的智慧去解决。如果员工没一点自己的见解，总是随声附和，那老板就真的成"孤家寡人"了。所以，有时候表达意见未必是坏事，而通过随声附和让老板做出错误的决定，才最让人痛恨！

（3）爱讲公平实抱怨。

年终，公司要评选优秀部门，生产一部和生产二部旗鼓相当，综合评分结果是一样的。人力资源部不敢贸然决断，迅速上报给了老板。老板考虑后，选择生产一部作为公司本年度的优秀部门。

生产二部的主管郭云知道后，非常不满，私底下见人就说："老板不公平。"

天下没有不透风的墙，老板知道这件事后，不动声色地把原本准备给郭云的一个"大红包"换成了"小红包"。

在工作中，即使你觉得老板有失公平，有时也不能跟他讲道理。如果一定要讲，那要做好碰钉子的准备。有时候，老板瞧你不顺眼，不是因为你没道理，而是道理过多。

（4）言过其实爱吹牛。

受同行企业之邀，我们公司要与对方举行一场"女子篮球友谊赛"。说是"友谊赛"，其实是"决斗赛"，因为我们老板是个追求完美的人，要求自己的队员绝不能输。

由于老板很重视这场比赛，为此召开了几次讨论会，做出了几种方案。

这时，略懂篮球的体育爱好者甄菲菲信心爆棚地向老板自荐带队，并跟老板打包票，说绝对能赢。然而，由于她过于自信，比赛时没有按照老板的方案执行，导致最后输了比赛。为此，老板的鼻子差点气歪了！

自此之后，甄菲菲再也没有得到过老板的青睐。

在职场中，虽说凡事要大胆去做，这样才能脱颖而出得到老板的赏识，但大胆是建立在有实力、有准备的基础上的。如果没有，就不要在老板面前吹牛，否则只会给老板留下坏印象。

有时候，老板瞧你不顺眼不是因为你不热心，而是"太热心"。

2. 跟老板独处，怎样才能不"尬聊"

在职场中，有时候由于各种原因会导致一名下属同时要接受多个上司的领导，这就叫多头老板。

那么，对此我们该怎么办呢？

（1）利用电子邮件平台。

赖明是某家政公司的运营经理，那家公司是两个老板合伙投资的。大老板比较和善，经常询问工作情况，赖明常常会把自己的想法告诉他，他认为可行，就会鼓励赖明放手去做。

二老板是赖明的直接上司，脾气有些暴躁，常常会否定他的方案，这让他感觉很为难。他想说这是大老板的意见，又怕二老板不爱听；但如果根据二老板的意见执行，大老板认同的方案就无法落实。

每当大老板询问赖明工作进度如何时，他不好明说正在按照二老板的指示在做，只得支支吾吾地应付过去。时间长了，大老板见他做事不果断，有点不高兴了。

赖明正为此烦恼，突然想起电子邮件是一个很好的沟通方式。因为，公司的文件多是通过电子邮件上传下达的，而两位老板都有一个习惯：那就是每天会查看电子邮件。

从此，每有企划案或者请示、汇报等工作，赖明就会直接发送邮件给二老板，同时抄送给大老板，这样就能让两位老板同时知道自己的想法与做法。

所以，只要有一位老板下达了指示，赖明就可以放心去

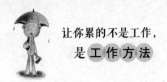
做了，因为电子邮件系统会自动把这位老板的回复传送到另一位老板的邮箱，这就解决了两位老板意见相左的问题。

此后，赖明的工作变得畅顺了很多。

向谁汇报、听谁指令，这通常是让人很头疼的事。这时候，我们就要想办法让多位老板自己先沟通一下，这才是最好的办法。

（2）寻找共同的利益。

李德是一家公司的人事经理，每逢国家法定假期，A 老板觉得能连休就安排连休，B 老板则以公司利益为重，一有订单，便会调整假期。

每当放假前，李德都非常头疼，请示 A 老板后，想按照他的指示安排放假，B 老板却说："简直没道理！"有时候受到 B 老板的批评，李德就委屈地说是 A 老板的指示。

B 老板就很不高兴地去找 A 老板理论，渐渐地，李德发现两个老板之间出现了不和谐的声音。不过，他还发现，两位老板虽然会在小问题上争吵，但在重大决策上会保持意见一致。

李德不明白为什么会这样，后来他从副总口中得知，两位老板争吵是为了使问题突出，从而找到解决方法——发现谁的方法好，就采用谁的。

李德这才恍然大悟，原来只有共同的利益，才能解决老板之间的分歧。为此，他想出了一个办法：每次放假前，先让客服部统计客户的放假时间，如果绝大多数客户都放假，他就会建议老板留几个人值班，这样既节省开支，又让大多数员工开心。

两位老板觉得李德的办法可行，接受了他的建议。

由于老板的目的是一致的，都想提高公司的效益，虽然他们之间会出现分歧，但是不会跟利益过不去——如果你能把握他们的共同利益，也就找到了解决问题的方法。

3. 好事不知道，坏事赖不掉

人在职场，最无奈的是什么呢？有人可能会说，最无奈的就是自己所做的一切"坏事"，老板都知道。也有人会说，最无奈的就是自己所做的一切"好事"，老板并不知道。

其实，职场中最无奈的：是好事不知道，坏事赖不掉！

　　杨林在一家公司做行政助理。所谓的助理，基本与打杂无异——办公室的哪项工作不是杨林"助理"过的呢？受苦受累的是她，露脸的是她的顶头上司，你说这种工作有什么意思？有什么奔头？

　　杨林也不想做这种工作，可是不做她又能干什么？她唯一的希望就是老板在某一刻能知道她也有功劳——或是给一个赞许的眼神，或是来一句表扬的话，起码心情舒畅。可她在公司干了两年多，老板愣是没怎么注意到她，她心里堵得慌。

　　一天，忙碌了半天的杨林刚坐下，伸了一个懒腰，眯了一下眼，恰巧被刚进门的老板撞见。老板一脸不高兴地对她说："好悠闲啊，你比老板还舒服！"

　　忙的时候老板没看见，顺势"舒服"了那么一下，就被老板撞见了，真是倒霉！杨林没法解释，毕竟是老板亲眼所见啊！

　　很多职场中人，尽心尽力、辛辛苦苦地工作，老板都不知道。而一有懈怠或者错误，老板马上会知道，你说无奈不无奈？

赵智在一家贸易公司做销售主管，年底公司开总结大会，老板热情洋溢地说销售部门今年超额完成任务，比去年更上一层楼，可喜可贺！可会后，老板只是象征性地发了一点奖金，忘了去年曾承诺今年一定涨工资一事。

　　"老板装作忘记了，我们要主动让老板知道！"于是，赵智和同事们合计了一条妙计。

　　一天下午，赵智请老板到他们部门来指导工作，老板很爽快地答应了。听到老板脚步渐近的时候，大家开始大声议论涨工资的事，想让老板听到他们的渴望是多么强烈！

　　果然，老板的脚步在门口停住了，大家心中窃喜。

　　过了一会，大家听到脚步声渐远了，以为老板生气地走了。正当他们失望之际，脚步声又急匆匆响起，老板推门进来，满脸笑容地说："大家都在呀，好热闹啊！刚才你们在讨论下一步的工作计划吧？来，我们一起讨论讨论……"

　　辛辛苦苦地"谋算"，却被老板"暗算"，大家顿时傻了眼。

　　涨工资这事背后说可以，大家一起说可以，可谁也不敢独自当着老板的面提。老板就是老板，高明——明明听到了他们的"诉求"，愣是装作不知道。

蔡杰在一家货运公司做总调度员，逢年过节时公司都会收到合作客户送的丰厚礼物。老板不在的时候，有些合作客户就会让蔡杰把礼物转交给老板。刚开始的时候，他一五一十地把礼物拿给了老板，多数时间老板只说一声："知道了。"有时连看也不看。

时间长了，蔡杰想：这么多礼物，老板也不当一回事，自己工作那么辛苦，留一点也没关系吧。再说了，这么多客户，老板哪里会知道是哪些人送了哪些礼物呢？所以，他偶尔也会截留一些礼物。

可没过多久，老板就在蔡杰面前自言自语地说："去年八月十五前几天，甲客户早送礼品过来了，今年怎么到现在还没送过来呢？"一会又说："乙客户去年送来的茶叶不错，估计这几天也快到了。"

蔡杰惊出了一身冷汗，因为老板说的这些礼品正是他截留下来的。第二天，他忙把这两样礼品送到了老板办公室。老板高兴地说："嗯，终于到了，到了就好……"

以后，蔡杰再也不敢动歪念了，他明白：就是老板最不喜欢的礼品，你也千万别动，因为他准会知道的……

职场中，有些事不要太在乎老板知不知道。你以为老板知道的事，其实老板会有意不知道；你以为老板不知道的事，其实老板都知道。这些还不重要，最重要的一点，就是你做的事，自己可千万别装作不知道！

4. 一定要趁早发现老板的意图

小艾是我的高中同学，大学毕业后，她在父母的帮助下进入了一家公司做出纳员。这家公司的工资并不高，但福利特别好，休息时还有免费咖啡和点心。

但工作一段时间后，小艾觉得这样的生活太安逸了，不利于长远发展，就在周末参加了其他公司的面试。

在一次面试中，小艾问 HR："你们这里按照国家规定放假吗？"

HR 说："根据公司的实际情况调整放假时间。"

小艾又问："上班有咖啡喝吗？"

HR 摇摇头说："这个需要自己买。"

小艾再问："上班有茶点吃吗？"

HR 一脸的不可思议："工作都干不过来，还有时间吃东西吗？"

小艾问了最后一个问题："你们有五险一金吗？"

"女士，你是来砸场子的吗？哪有这么好的企业？如果有，求你也把我带走算了。"HR 的鼻子都气歪了。

很多公司给的工资高，但是工作太忙了，而且也没有那么好的福利。面试了几家公司后，小艾觉得还是现在的公司最好，她安慰自己："这样也不错，跳来跳去还不是干一样的活？"

就这样，小艾放弃了跳槽的想法，上班就贴贴发票，找领导签签字，数数公司的钱，工作十分轻松。当激情消退，她觉得这样也不错的，为什么要瞎折腾？

胡君是我的前同事，辞职后他去了一家民营公司。

以前，他月薪 7000 元，新公司给他开 10000 元的工资，他感觉很满足。当然，现在的工作肯定比之前更累，以前工作只有 8 小时，现在却要 10 小时，加班、出差是常态。

干了几个月后，胡君觉得这份工作太辛苦了，想辞职。老板挽留他，并决定给他加 2000 元的工资。他心动了，继续留下来工作。

可从那以后，胡君加班、出差就更频繁了，连周末都没有了。做了一段时间，他觉得自己忙得像个陀螺，连喘口气的时间都没有，最后还是决定辞职。

其实，公司老板的意图很明显，拿高工资就要为公司出更多的力。虽然老板这么做无可厚非，可是这会影响胡君的健康和生活，他将得不偿失。

我们都想找一份工资高、福利好的工作，可职场很现实，没有既轻松又赚钱的好地方——当你遇到一份待遇高、福利好的工作时，不妨先一探究竟。

在职场中，用智力赚钱的人占少数，用体力赚钱的人占多数，待遇高、福利好也许是一种温柔的陷阱。

5. 在职场做个精明的"杠精"

职场中，一般有两种老板会让人抓狂：一种是凡事追求完美的，另一种是脾气暴躁。

　　顾心怡的老板是典型的"处女座"，凡事追求完美，甚至到了吹毛求疵的地步。老板的嘴里从来不会出现"可以""差不多"之类的词，就是你做得很完美了，他都会说你还有提高的空间。有时候这真会让你抓狂——你做错了，他会批评你；你做得好，他舍不得表扬你。

　　对此，一般员工很难忍受。一开始顾心怡也受不了，可静下心来想想，如果事情不能像老板要求的那样，一个几十万元的订单或许就会不翼而飞；一些负面影响说不定就会毁了整个公司的形象，后果很可怕！

　　虽然老板苛刻，但是并不抠门，从不吝啬奖励为公司做出成绩的员工。当员工拿到丰厚奖励的时候，所有的不快都会烟消云散。

　　有一次，顾心怡表现得不错，为公司拉来了一个大单，老板要奖励她。她对老板说自己不要奖励，只想跟老板聊聊天，或是请她到公司食堂里吃顿饭。

　　老板问为什么，顾心怡笑而不答。老板没有食言，带她去食堂吃了一顿饭。

　　刚开始，老板以为顾心怡贪吃要宰他一顿，去后才发现她有意让他指点一下工作。老板对她积极的工作态度很满意，有时候也会带她去会见重要客户。

之后，顾心怡大开眼界，她从中学到了为人处世的礼仪；学到了与客户谈判的要点；还有一些在公司里学不到的技能。

顾心怡的业务能力提高得很快，老板很欣赏她，想提拔她为部门主管，但她拒绝了。老板知道她想得到更多的磨炼，也不强求，不过他相信，总有一天她能在公司里独当一面。

一个愿意磨炼自己的人，前程才会远大！

6. 跟老板一起飞黄腾达

薛莉的老板是个香港人，英文名叫托尼。一般而言，香港老板脾气都非常好，但托尼是个例外，他脾气火爆，无论在任何场合，无论对方是什么人，只要他认为做得不对就会大发脾气。

因此，平时员工一见到托尼发脾气，就争着往外跑，深怕无辜受牵连。他也没有助理，办公室的任何一个人都是他"发号施令"的对象。

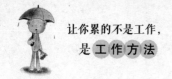

薛莉是办公室行政专员，什么杂事都由她来完成。托尼一时抓不到人，就对她发脾气。与别人不一样，她对此不苦恼，而是每次都会把托尼发脾气的原因记下来，没事的时候就分析，越分析越觉得托尼发脾气有道理。

其实，很多工作内容都很简单，可员工就是不认真做，这样能不挨批评吗？薛莉从中找到了一些改进自己的工作方法和处理事情的技巧，还学会了从老板的角度看问题，这让她受益匪浅。

有一次，托尼又发飙，让薛莉滚，她反驳说为什么要滚，怎么滚，让托尼给她做一个示范。托尼一下被逗乐了，觉得这个小姑娘不错，有胆量，将来前途不可限量。所以，她就成了老板"找骂"的对象。当别人都偷笑她真傻的时候，她却飞黄腾达，几年时间里从行政专员升任为公司副总。

薛莉对自己的一再升迁很疑惑，但托尼告诉她：一个勇于"找骂"的人，才有机会飞黄腾达！

对于有心人来说，要把老板的缺点当作一种积极的磨炼。当你能容忍老板的缺点时，你就能发现他的优点，幸运的，还会得到他的真传，对你的事业发展必会大有助益。

7. 拒绝升职也惹祸

张翔是一家大型医药集团的销售部副经理，他成熟稳重，做事干练，业绩在公司一直名列前茅，老板很器重他。不过，最近公司解聘了他。这么一个有能力的人怎么会被公司解聘呢？原来是因为他拒绝升职。

张翔今年40岁，从20岁进入公司以来，他一直没跳过槽。刚到公司那会，他什么也不懂，就在办公室干点杂活。

老板觉得张翔做事勤快，人也不笨，就安排他跟老业务员跑市场。但跑市场免不了出差，需要坐汽车和火车，偏偏张翔晕车，下车后经常吐得一塌糊涂，要在原地休息半天，才能缓过劲来。

老业务员见张翔这样，不愿意带他。没办法，他只好一个人跑业务，没有人带，也没有人教，他全凭自己摸索。

半年过去了，张翔没有做成一单生意。正当他心灰意冷准备跟老板提出辞职时，突然接到了一个曾经接触过的大客

户的订单。当年度，这个订单占了公司总业务量的 20%。

老板不仅奖励了张翔，还提拔他做销售部副经理，并给他配了一辆车，方便他开展业务。

这原本是件好事，可张翔并不高兴，因为他一闻到车里的真皮味道就反胃。没办法，最后他只好放弃这辆车。

张翔做业务自有一套，因此业绩越来越好，3 年后他的业绩占到公司总业绩的一半。这时候，老板让他去开拓华南市场，准备任命他为华南区域的负责人。可他拒绝了，跟老板说："老板，我想离家近一点，不想跑那么远。"

老板非常惋惜地说："华南市场是块肥肉，开拓难度小，业绩做好了提成会很丰厚，很多人都争着去呢，你不去真是可惜了。"

无论老板怎么说，张翔都不为所动。最后，老板只好派另外一个销售经理去开拓新市场。

医药公司发展得非常快，5 年后成为一家集团公司，老板很信任张翔，经常让他负责重要的项目投标。

这一天，老板找到张翔，对他说："小张啊，现在公司发展得很好，你可以在更多的平台施展抱负，我想任命你做销售总监，你觉得怎么样？"

张翔听了，马上摆手对老板说："我对目前的待遇和工作很满意，况且现在我有了自己的家庭，不想把自己搞得很疲惫，工作轻松点就好了，您还是安排其他人去做吧。"

听了张翔的话，老板的脸色非常难看。

不过，张翔没想那么多，因为以他现在的业绩，老板应该不会把他怎么样。但是，在往后的几年里，老板再也没提拔过他，那些比他晚进公司的同事如今都升任副总职位，而他还是销售部副经理。

在年初的公司总结及规划大会上，老板提出了调整转型的发展思路，想让张翔担当大任，他再次拒绝了老板的好意。没多久，在合同到期后，公司解聘了他。

张翔十分诧异，人力资源总监转达给他一句老板的话："升职也是升值，有能力不出力是不敬业的表现。"

在职场中，很多人工作能力强，业绩好，不担忧未来的生活，但是为了平衡工作和家庭生活，一般会拒绝升职。

其实，升职也是升值。老板需要有能力的人，更需要有担当的人。如果有能力不出力，有担当不担当，就会被公司边缘化，甚至被淘汰。

所以，职场中从来没有"钱多、事少、离家近"，也

没有常常如你所愿的事。

不求升职即不愿升值，也会惹祸！

8. 既要沉下去，也要浮上来

有一年，为了照顾儿子的生活和学习，我放弃了优厚的待遇和积累了多年的人脉，离开工作了 15 年的公司，回到原来生活的小城市。

我原以为凭借自己的专业和工作经验，很快就能找到适合自己的工作，但是 3 个月过去了，我一无所获。因此，我的情绪非常低落。

一天，我到一家小公司面试。面试我的是这家公司的副总，年龄竟然比我还小，但是非常严肃。他看过我的简历后，冷冷地说："你年龄偏大，我们公司人力资源经理这个职位已有合适的人选了。"他顿了一下，又问，"你愿不愿意在办公室干一般性的工作？"

我想扭头就走，但是想到找工作的艰辛，点点头算是答应了。

上班以后，我发现公司里有很多年轻人。环顾一圈，"奔四"这个年龄段的除了老总，就我一个人。我跟同事交流很困难，而且也不愿意主动跟他们交流。

"你看，咱们公司的新同事年纪都那么大了，还当普通文员，估计没什么本事。"一天，我听到办公室的同事在议论我，当时他们明明看见我了，也装作没看见似的。

我知道他们是故意说给我听，羞辱我的。我原本想发火，但转念一想，新人不都是这样过来的吗？我就当没听见一样，继续做自己的事。

之后，一些同事好像故意跟我过不去，总是给我安排一些杂活。比如，让我去楼下打印资料，去其他公司送文件，甚至让我换桶装水。他们说话也盛气凌人，一点不讲究。我虽然强压怒火，但是脸色很难看。

回到家才是我开心的时刻，我忙着给儿子做饭、倒水、洗澡。儿子问："爸，你做那么多事累不累？"我笑呵呵地说："不累。"是的，围绕着儿子所做的事，永远不感觉到累。

那么，为什么在办公室里会感到那么累呢？我突然有所悟：在办公室里感到累，关键是不能用平常心去接受一些事

情，顾忌太多，放不下脸面。

其实，年轻人有年轻人的优势，不必去嫉妒他们，就像自己也年轻过、也神气过、也自负过。年龄大有年龄大的好处，不必自卑，自己年轻时受挫后不是也喜欢请教前辈，羡慕他们为人处世游刃有余吗？

想到这里，我豁然开朗。此后，每天上班我不再计较同事让我做这做那，更多的是笑呵呵地主动去做，做完了还会问一声："谁还有事让我帮忙啊？"

就这样，大家渐渐接受了我。

一天，副总叫我去他办公室一趟。

"老倪，恭喜你！今天我正式任命你为公司人力资源部经理。"副总笑呵呵地对我说，一改往日冰冷的面孔。

"这个职位不是已经有合适的人选了吗？"我不解地问。

"其实，我们根本没有招聘人力资源部经理。"副总解释道，"当时你来应聘，看过你的简历后，我知道你在大公司工作过，有丰富的经验，本想马上任命你为人力资源部经理；可当时我看你心高气傲，所以才让你先去办公室体验一下简单的工作，把浮躁去掉，沉下心来做事。"

"哦，原来是这样啊！感谢副总的良苦用心，更感谢同事故意制造的'障碍'，是他们的'轻视'，让我意识到了自己的重要，是他们的'懒惰'，留给我展示自己的机会。"我笑着说。

"是的，职场中有很多人都浮在上面，沉不下去；有的人沉下去了，却浮不上来。而你的这股韧劲，正是公司需要的！"副总赞赏地拍拍我的肩头，鼓励我说。

职场从来不是一帆风顺的，我们需要"沉下去，浮上来"——我把这句话作为自己的职场座右铭！

9. 如何与老板相处

杨老板是我的前客户，没去他的公司之前，我在一家合资公司上班，那时我做人力资源总监，做得风生水起。只是不知怎么搞的，我莫名其妙地被前老板炒了鱿鱼。被炒的第二天，杨老板就录用了我。那一霎，我感激涕零，打心眼里认为他是个好人。

ord:让你累的不是工作，
是**工作方法**

　　我拼命地工作，以报杨老板的知遇之恩。可没过多久，我从前同事那里了解到，原来我被炒鱿鱼是杨老板从中搞的鬼！至于他用了什么计策，我无从知晓。

　　"杨老板真不是个东西！"我恨杨老板恨得要命。自然，工作开始懈怠，对杨老板也是不冷不热。然而，杨老板在一次例会上，任命我为人力资源部经理，工资比原来涨了一半。

　　当时，我的想法又改变了，竟然一点都不恨他了。

　　老板到底是个什么东东呢？我开始思考这个问题。

　　任职不久，我就遇到一件比较棘手的事：我的助理告诉我，因为公司一时疏忽，忘了给一名员工上社保，他扬言要去劳动局举报公司。按道理来说，我们公司确实有错。

　　"老板，让我去跟这个员工沟通一下吧。"我向杨老板请命。

　　杨老板摇摇头对我说："你刚来，不了解情况，还是让别人去吧。"

　　"老板，让我试一试吧。"刚进公司，我也想露一手。

　　"要不你找这个人吧，这个人可以搞定！"杨老板说着，写了一个电话号码给我。

　　"这个人是律师？"我知道当老板的都爱找点关系处理

问题，于是小声地问。

"打手！"杨老板面无表情地说。

啊？我呆若木鸡！我知道杨老板人脉广，可现在都什么年代了，怎么能用这种下三烂的手段呢？"杨老板到底是什么人啊？"我心里有点嘀咕。

"对付什么样的人就要用什么样的办法！我知道你做事的弱点，就是太按常理出牌，处理这方面的问题不能太软弱！"杨老板仿佛看穿了我的心思。

我知道，此时我说什么也没用，于是退出了老板的办公室。

结合我的工作经验，我觉得处理这种问题首先要了解情况，武力不能解决问题。于是，我先联系了那名员工，约他到楼下咖啡厅聊天。他来到咖啡厅，觉得我很有诚意，气也消了一半。

我不急于问他这件事怎么处理，而是跟他聊家常。聊着聊着，他竟不好意思地说，他不是故意要去举报公司，只是他觉得上司经常整他，让他很不爽，此举只是为了引起领导的重视。最后，他对我的处理方式非常满意，自然打消了去举报公司的念头，后来公司也很快替他补交了社保。

第六辑 \ 在职场做个精明的「杠精」◇

　　"老板，社保那件事我办好了。"事情顺利办完后，我向杨老板汇报。

　　"是吗，那简直太好了！"杨老板满脸的笑意，又说，"你帮我约一下那个打手，我们请他吃饭。"

　　"不用了老板，那个打手挺忙的，叫我们改天再聚。"事情既然已经解决了，我并不想直接说出实情，于是撒了个谎。

　　"是吗？这件事真是打手做得？"杨老板狡黠地笑着问。

　　"是啊。"我也笑笑。

　　杨老板哈哈大笑之后，重重拍了一下我的肩膀说："不错，有本事！"他说这话的时候，我感到莫名其妙。

　　过了几天，我想起了杨老板给我的那个手机号码，拨过去后，发现竟然是一个空号。后来，我问杨老板是怎么回事，他说就是想看看我的处事能力。

10. 精进自我，做一名合格的职场达人

我在公司里工作了 6 年，花了两年时间从普通员工做到了人事主管。

可就在我准备大展宏图的时候突然卡壳了——后来的 4 年里，我没再前进过一步。最后，我找到了原因：我的顶头上司比我更优秀，只有等他走了，我才有机会升职。

正当我焦虑、失落的时候，上司跳槽到了一家上市公司。听到这个消息后，我很兴奋，觉得终于等到机会了。

公司的用人制度向来是从内部提拔，只有特殊的职位才会从社会上招聘。果然，公司没有立即在网站上发布招聘信息，这更加证实了我的猜测。

工作中，我比以往更积极，尤其是上司走后，我主动承担起了他的职责。一段时间后，大家都认为我就是上司的接班人，任命只是时间的问题。

一天，公司召开例会，总经理突然指着身边的一个年轻

人说："这是人事部新来的蒋经理，大家认识一下。"

大家先是一愣，接着鼓起掌来。面对突如其来的"空降客"，我有点蒙，会议全程中，我都无精打采。

总经理看出了我的异样，会后把我一个人单独留下。他语重心长地对我说："我知道你的能力，也知道你工作勤恳、卖力，更知道你在这个主管职位上干了很久。其实，从普通员工做到主管很容易，因为这个台阶比较简单，有时候只需要勤恳、踏实就能做到。但是，从主管做到经理甚至再上一个台阶却不容易，因为这个台阶是一个从量到质的过程，以你目前的条件来说还有些欠缺。"

我不服气地问总经理："我还欠缺什么呢？"

总经理微笑着说："比如，你有相关资格证吗？你了解现在市场上最新的发展趋势吗？"

我低头不语。这几年，我只知道埋头做事，却没有学习相关知识。总经理拍拍我的肩头说："我相信，假以时日，你可以做得到。"

总经理的话，一下子为我指明了方向。

接下来，我安心工作，并利用业余时间参加人力资源资格证学习班。

随后，公司也发生了很大变化，发展为集团公司，并准备上市。我的顶头上司蒋经理也升职为部门总监。之后，人事部经理的职位又空了出来。

这次，我想这个职位一定非我莫属。但我又失望了，因为公司又外聘了一名经理。我把辞职信送到总经理面前时，他放下手中的工作，跟我聊起了家常，问："你平时在家里做饭用什么锅？"

我有点摸不着头脑，说："电饭煲。"

总经理说："如果米饭蒸了很久还没熟，你怎么办？"

"掀开锅盖看看。"

"还没有熟呢？"

"再掀开锅盖看看。"

"总是掀锅盖会让米饭熟得更慢。"总经理笑着说，"再等等，就对了。"

我点了点头。

总经理继续说："咱们公司准备上市，现在还欠缺一些经验。我新请的人事部经理曾在上市公司工作过多年，他经验丰富，对咱们非常有帮助。如果此时我任用你当经理，不是提拔而是害了你，因为你没有任何上市公司的管理经验，就是现学也来不及。工作和煮饭是一样的道理，都需要一个过程。"

我终于明白了总经理的良苦用心。

职场中，升职犹如煮饭，火候不到，时间没到，就不要老是去掀开锅盖看；锅盖掀得太早，饭不会熟。